S'ENTRAÎNER AUX TESTS PSYCHOTECHNIQUES

William SECK

SOMMAIRE

INTRODUCTION

S'entraîner aux tests psychotechniques constitue une façon efficace de se donner les moyens de les passer avec succès le moment venu. D'une part, vous vous sentirez moins dépourvu devant ces exercices souvent bizarres, et d'autre part, il est démontré que plus on passe de tests, plus on les réussit facilement.

Voici donc plus de 150 exemples de tests proches des exercices auxquels vous serez confrontés lors d'un concours ou d'un entretien d'embauche. Quel que soit le type de test (excepté les tests de calcul rapide), la consigne est la même : il s'agit de trouver la logique de la série (de lettres, de chiffres, de dominos...) qui vous est proposée afin de la compléter judicieusement.

Pour vous placer dans des conditions proches de celles qui vous seront imposées, efforcez-vous de faire ces exercices en vous fixant une limite horaire. Si vous souhaitez répondre en une seule fois à l'ensemble des exercices proposés ici, sachez qu'ils ont été conçus pour être résolus en trois heures maximum.

Affutez vos neurones, et à vos crayons !

PARTIE I

CALCULS RAPIDES

1. Enoncés

1. $(24 + 3) \times 50 + 20 = \ldots$

2. $(475 + 200) \times (20 - 8) = \ldots$

3. $1 + 2 + 3 + 4 + 5 + 6 + 7 + 8 = \ldots$

4. $3 + 4 + 5 + 6 + 7 + 8 + 9 = \ldots$

5. $1 + 2 + 4 + 8 + 16 + 32 = \ldots$

6. $99^2 + 1^2 = \ldots$

7. $25^2 + 15^2 = \ldots$

8. $450 \times 12 = \ldots$

9. $\sqrt{256} - 16 + 23 = \ldots$

10. $1\ 427 \times 11 = \ldots$

2. Corrigés

1. $(24 + 3) \times 50 + 20 = 27 \times 100/2 + 20 = 1\ 350 + 20 =$ **1 370**

2. $(475 + 200) \times (20 - 8) = 675 \times 12 = 675 \times 10 + 675 \times 2$
$= 6\ 750 + 1\ 350 =$ **8 100**

3. $1 + 2 + 3 + 4 + 5 + 6 + 7 + 8 = (1 + 8) + (2 + 7) + (3 + 6)$
$+ (4 + 5) = 9 + 9 + 9 + 9 =$ **36**

4. $3 + 4 + 5 + 6 + 7 + 8 + 9 = (3 + 9) + (4 + 8) + (5 + 7) + 6$
$= 12 + 12 + 12 + 6 = 36 + 6 =$ **42**

5. $1 + 2 + 4 + 8 + 16 + 32 =$ **63**

6. $99^2 + 1^2 = (99 + 1)^2 - (2 \times 99 \times 1) = 100^2 - 198$
$= 10\ 000 - 200 + 2 =$ **9 802**

7. $25^2 + 15^2 = (25 + 15)^2 - (2 \times 25 \times 15) = 40^2 - (50 \times 15)$
$= 1\ 600 + (1\ 500/2) = 1\ 600 + 750 =$ **2 350**

8. $450 \times 12 = 450 \times 10 + 450 \times 2 = 4\ 500 + 900 =$ **5 400**

9. $\sqrt{256} - 16 + 23 = 16 - 16 + 23 =$ **23**

10. $1\ 427 \times 11 = 1\ 427 \times 10 + 1\ 427$
$= 14\ 270 + 1\ 427 =$ **15 697**

PARTIE II

SÉRIES DE CHIFFRES ET DE LETTRES

1. Enoncés

1.	2	7	12	17	22	...			
2.	32	26	20	14	...	2			
3.	3	2	6	7	9	...	12	17	15
4.	1	17	8	...	15	13	22	11	29
5.	1	3	9	27	...	243			
6.	1	2	3	5	8	13	...	34	
7.	3	4	6	12	12	...	24	108	48
8.	1	256	5	16	25	...	625		
9.	45	54	32	23	...	52			
10.	7	11	16	22	...	37			
11.	12	17	19	24	...	31	33		
12.	15	27	39	411	...				
13.	7	14	18	36	...	80	84		
14.	3	8	24	...	87	92			
15.	19	28	...	46	55				
16.	9	7	8	6	7	...	6	4	
17.	1	11	21	1211	...				
18.	1	11	121	1331	14641 ...				

19.	502	500	250	...	124	122					
20.	7	12	10	15	13	18	...				
21.	4	3	16	9	...	81					
22.	2	4	3	9	8	...	63				
23.	3	9	27	81	...	729					
24.	1	21	41	61	...	101					
25.	2	12	60	240	720	...					
26.	512	1024	2048	...							
27.	2	4	12	48	...	1440					
28.	10	20	29	37	...	50	55	59			
29.	5	7	9	12	15	19	23	28	...		
30.	100	50	25	20	10	...	2	1			
31.	1	3	5	7	11	13	...	19	23		
32.	1	2	6	...	120	720					
33.	1	4	...	256	3125						
34.	A	D	C	F	E	H	...	J	I		
35.	F	M	R	A	A	...	N	O	C	C	E
36.	U	S	A	U	...	U	R	S	S		

37. B D F H ... L N P

38. L L I ... W M I

39. C G K ... S W

40. D E G J ... S

41. A Y W ... S Q

42. BC FE HI ... NO RQ

43. A B D C E F ... G I J L K

44. AO BP ... DR ES

45. E D F ... G F H G I

46. BL ... DJ EI FH GG

47. M V O S Q ... S M

48. Z V Q M ... D

49. ABC FGH ... PQR UVW

50. GH = O JK = U BC = E LN = ...

51. CD = L DE = T AB = B CH = ...

52. CBD IHJ NMO RQS ...T...

53. A Z BC YX ... WVU GHIJ

54. A D I ... Y

55. A C E G K M Q ...

56. Q W ... R T Y

57. A Z E R T ...

58. C3 E5 G7 K11 ...25

59. D2 G4 J8 ... P32

60. 12B 11A 26F 14...

61. BD8 BL24 DF24 AP...

62. A1 B8 C27 D64 ... F216

63. 3I 2D 5Y 1... 4P

64. RUSSIE-123345 ...-341235

65. BAC-213 LICENCE-...

66. ADSL-36 CABLE-

67. TF1 FR2 FR...

68. 6F 8H 13M ...E 12L ...L 5E

69. AUTOMATE = CWVQOCVG
MACHINE = ???????

70. Quel est l'intrus ?
TONNERRE – FOUDRE – ORAGE – OURAGAN – PLUIE

71. 7 – 11 – 15 – 19 - ? - ?

72. YZW – PQN – GHE – CD?

73. EFH – KLO – STX – TU?

74. Mois – Semaines – Jours – 12 – 52 - ?

75. 1 – 11 – 21 – 1211 – 111221 – ??????

76. 2 10 4 12 6 14 8 ? ?

77. Quel est l'intrus ?
RAT – LION – ELEPHANT – CHIEN - SERPENT

78. douze5 – deux4- six3 – quatorze8 – neuf?

79. 6R – 3I – 2O – 7E – 5U – 4T – 1V VOITURE
5E – 2A – 7I – 8E – 3T – 1B – 4T – 6R ????????

80. Seau – Veau – Beau - ?eau
Tente – Vente – Rente - ?ente

2. Corrigés

1. 2 7 12 17 22 **27**
On passe d'un nombre à l'autre en ajoutant 5. Le nombre manquant est donc 22 + 5 = 27.

2. 32 26 20 14 **8** 2
On passe d'un nombre à l'autre en retranchant 6. Le nombre manquant est donc 14 – 6 = 8.

3. 3 2 6 7 9 **12** 12 17 15
Il faut ici considérer un nombre sur deux : on passe d'un nombre de rang impair à l'autre en ajoutant 3, et d'un nombre de rang pair à l'autre en ajoutant 5. Le nombre manquant est donc 7 + 5 = 12.

4. 1 17 8 **15** 15 13 22 11 29
Les nombres de rang impair augmentent de 7, les nombres de rang pair diminuent de 2. Le nombre manquant est donc 17 – 2 = 15.

5. 1 3 9 27 **81** 243
Les nombres représentent les puissances croissantes de 3 : $3^0 = 1$; $3^1 = 3$; $3^2 = 9$; $3^3 = 27$; $3^4 = 81$; $3^5 = 243$. La réponse est donc 81.

6. 1 2 3 5 8 13 **21** 34
Chaque nombre de la série est égal à la somme des deux nombres qui le précèdent. La réponse est donc 8 + 13 = 21.

7. 3 4 6 12 12 **36** 24 108 48
On passe d'un nombre de rang impair à l'autre en multipliant par 2, et d'un nombre de rang pair à l'autre en multipliant par 3. Le nombre manquant est donc 12 x 3 = 36.

8. 1 256 5 16 25 **4** 625
On passe d'un nombre de rang impair à l'autre en multipliant par 5, et d'un nombre de rang pair à l'autre en prenant la racine carrée du nombre précédent. La réponse est donc $\sqrt{16} = 4$.

9. 45 54 32 23 **25** 52
Chaque nombre de rang pair est obtenu en inversant les chiffres du nombre de rang impair qui le précède. Le nombre manquant est donc 25.

10. 7 11 16 22 **29** 37
On obtient le nombre suivant en ajoutant un nombre qui augmente de 1 à chaque fois (4, puis 5, puis 6).
La réponse est donc 22 + 7 = 29.

11. 12 17 19 24 **26** 31 33
On passe d'un nombre à l'autre en ajoutant 5, puis 2, puis 5...
La réponse est donc 24 + 2 = 26.

12. 15 27 39 411 **513**
On passe d'un nombre à l'autre en ajoutant 1 au chiffre des dizaines et 2 au chiffre des unités. Le nombre manquant est donc 513.

13. 7 14 18 36 **40** 80 84
On passe d'un nombre de rang impair à un nombre de rang pair en multipliant par 2, et d'un nombre de rang pair à un nombre de rang impair en ajoutant 4. Le nombre manquant est donc 36 + 4 = 40.

14. 3 8 24 **29** 87 92
On passe d'un nombre de rang impair à un nombre de rang pair en ajoutant 5, et d'un nombre de rang pair à un nombre de rang impair en multipliant par 3. Le nombre manquant est donc 24 + 5 = 29.

15. 19 28 **37** 46 55
La somme des chiffres qui composent chaque nombre de la série vaut 10. Le chiffre des dizaines augmente de 1 à chaque nouveau nombre, tandis que celui des unités diminue de 1. La réponse est donc 37.

16. 9 7 8 6 7 **5** 6 4

On passe d'un nombre de rang impair à un nombre de rang pair en retranchant 2, et d'un nombre de rang pair à un nombre de rang impair en ajoutant 1. Le nombre manquant est donc 7 – 2 = 5.

17. 1 11 21 1211 **111221**

On obtient chaque nombre en lisant le précédent : 1 donne : un un (11), et 11 donne : deux uns (21), qui donne : un deux, un un (1211). La réponse est 111221 (un un, un deux, deux uns).

18. 1 11 121 1331 14641 **15101051**

Les nombres correspondent au triangle de Pascal :

1
11
121 (1 ; 1 + 1 ; 1)
1331 (1 ; 1 + 2 ; 2 + 1 ; 1)
14641 (1 ; 1 + 3 ; 3 + 3 ; 3 + 1 ; 1)
15101051 (1 ; 1 + 4 ; 4 + 6 ; 6 + 4 ; 4 + 1 ; 1)

La réponse est 15101051.

19. 502 500 250 **248** 124 122

On passe d'un nombre de rang impair à un nombre de rang pair en retranchant 2, et d'un nombre de rang pair à un nombre de rang impair en divisant par 2. Le nombre manquant est donc 250 – 2 = 248.

20. 7 12 10 15 13 18 **16**

On passe d'un nombre de rang impair à un nombre de rang pair en ajoutant 5, et d'un nombre de rang pair à un nombre de rang impair en retranchant 2. Le nombre manquant est donc 18 – 2 = 16.

21. 4 3 16 9 **256** 81

On passe d'un nombre de rang pair à l'autre en élevant le nombre en carré. De même pour passer d'un nombre de rang impair à l'autre. Le nombre manquant est donc 16? = 256.

22. 2 4 3 9 8 **64** 63
On passe d'un nombre de rang impair à un nombre de rang pair en élevant le nombre au carré, et d'un nombre de rang pair à un nombre de rang impair en retranchant 1. Le nombre manquant est donc $8^2 = 64$.

23. 3 9 27 81 **243** 729
Cette série est une suite croissante de puissances de 3. Le nombre manquant est donc : $3^5 = 243$.

24. 1 21 41 61 **81** 101
On passe d'un nombre à l'autre en ajoutant 20. La réponse est donc 61 + 20 = 81.

25. 2 12 60 240 720 **1440**
On passe d'un nombre à l'autre en multipliant successivement par 6, 5, 4, 3, 2, 1. La réponse est donc 720 x 2 = 1440.

26. 512 1024 2048 **4096**
Ces nombres sont des puissances de 2 (correspondant d'ailleurs aux connexions ADSL). On passe de l'un à l'autre en multipliant par 2. La réponse est donc 2048 x 2 = 4096.

27. 2 4 12 48 **240** 1440
On passe d'un nombre à l'autre en multipliant successivement par 2, 3, 4, 5, 6. La réponse est donc 48 x 5 = 240.

28. 10 20 29 37 **44** 50 55 59
On passe d'un nombre à l'autre en ajoutant successivement 10, 9, 8, 7, 6, 5, 4, 3. La réponse est donc 37 + 7 = 44.

29. 5 7 9 12 15 19 23 28 **33**
On passe d'un nombre à l'autre en ajoutant successivement 2, 2, 3, 3, 4, 4, 5, 5. La réponse est donc 28 + 5 = 33.

30. 100 50 25 20 10 **5** 2 1
Les nombres sont les diviseurs de 100 rangés par ordre décroissant. La réponse est 5.

31. 1 3 5 7 11 13 **17** 19 23

Cette série est composée de nombres premiers rangés par ordre croissant. La réponse est 17.

32. 1 2 6 **24** 120 720

Les nombres obtenus correspondent aux factoriels de 1, 2, 3, 4, 5, 6. Le chiffre manquant est égal à 4 !, c'est-à-dire à 4 x 3 x 2 x 1 = 24.

33. 1 4 **27** 256 3125

Chaque nombre est le numéro du rang (*n*) élevé à la puissance *n* : $1^1 = 1$; $2^2 = 4$; $3^3 = 27$; $4^4 = 256$; $5^5 = 3125$. La réponse est 27.

34. A D C F E H **G** J I

On passe d'une lettre de rang impair à une autre en sautant une lettre dans l'alphabet (A, C, E...). De même pour les lettres de rang pair (D, F, H...). La réponse est G.

35. F M R A A **R** N O C C E

Les lettres de rang impair composent le mot « France ». Les lettres de rang pair composent le mot « Maroc », sans le R. La lettre manquante est donc R.

36. U S A U **E** U R S S

Les lettres correspondent à des noms de réunions d'Etats : USA, URSS et UE, il manque donc le E. la réponse est E.

37. B D F H **J** L N P

On passe d'une lettre à l'autre en sautant une lettre de l'alphabet. La réponse est J.

38. L L I **A** W M I

Les lettres, proposées dans le désordre, forment le prénom « William ». Il manque le A.

39. C G K **O** S W

On passe d'une lettre à l'autre en sautant trois lettres de l'alphabet. La réponse est O.

40. D E G J **N** S
On passe d'une lettre à l'autre en sautant successivement 0, 1, 2, 3, 4 lettres de l'alphabet. La réponse est N.

41. A Y W **U** S Q
On passe d'une lettre à l'autre en remontant l'alphabet et en sautant une lettre. La réponse est U.

42. BC FE HI **LK** NO RQ
Rang impair : les lettres se suivent dans l'ordre alphabétique.
Rang pair : les lettres se suivent dans l'ordre inverse.
On passe d'un groupe de lettres à l'autre en sautant une lettre.
La réponse est donc LK.

43. A B D C E F **H** G I J L K
On écrit deux lettres dans l'ordre alphabétique puis on inverse les deux lettres suivantes. La réponse est H.

44. AO BP **CQ** DR ES
Les lettres de gauche de chaque groupe se suivent : A, B, C, D, E.
Les lettres de droite de chaque groupe se suivent : O, P, Q, R, S.
La réponse est donc CQ.

45. E D F **E** G F H G I
Les lettres de rang impair se suivent : E, F, G, H, I.
Les lettres de rang pair se suivent : D, E, F, G, mais il manque le E.

46. BL **CK** DJ EI FH GG
Les lettres de gauche de chaque groupe se suivent : B, C, D, E, F, G, mais il manque le C.
Les lettres de droite de chaque groupe se suivent en ordre inverse : L, K, J, I, H, G, mais il manque le K.
La réponse est CK.

47. M V O S Q **P** S M

Les lettres de rang impair se suivent en sautant une lettre : M, O, Q, S.

Les lettres de rang pair se suivent en ordre inverse en sautant deux lettres : V, S, P, M, mais il manque le P.

48. Z V Q M **H** D

Les lettres se suivent en ordre inverse en sautant successivement 3, 4, 3, 4, 3 lettres. La réponse est H.

49. ABC FGH **KLM** PQR UVW

La série est constituée de groupes de trois lettres successives avec un saut de deux lettres entre chaque groupe. La réponse est KLM.

50. GH = O JK = U BC = E LN = **Z**

On attribue à chaque lettre un nombre correspondant à sa position dans l'alphabet (A = 1 ; B = 2...).

On a alors G + H = O (7 + 8 = 15) ; J + K = U (10 + 11 = 21) ; B + C = E (2 + 3 = 5).

Et donc L + N vaut 12 + 14 = 26, ce qui correspond à la lettre Z.

51. CD = L DE = T AB = B CH = **X**

On attribue à chaque lettre un nombre correspondant à sa position dans l'alphabet (A = 1 ; B = 2...).

On a alors C x D = L (3 x 4 = 12) ; D x E = T (4 x 5 = 20) ; A x B = B (1 x 2 = 2).

Et donc C x H vaut 3 x 8 = 24, ce qui correspond à la lettre X.

52. CBD IHJ NMO RQS **UTV**

Au sein de chaque groupe, les lettres se suivent à condition de lire d'abord la lettre du milieu, puis celle de gauche, et enfin celle de droite. Les lettres manquantes sont donc U et V.

53. A Z BC YX **DEF** WVU GHIJ

On passe d'un groupe de rang impair à l'autre en suivant l'ordre alphabétique et ajoutant une lettre à chaque nouveau groupe.

On passe d'un groupe de rang pair à l'autre en inversant l'ordre alphabétique et en ajoutant une lettre à chaque nouveau groupe.

La réponse est DEF.

54. A D I **P** Y

On attribue à chaque lettre un nombre correspondant à sa position dans l'alphabet (A = 1 ; B = 2...).

On a alors : A = 1 ; D = 4 ; I = 9 et Y = 25. Ces nombres sont le carré du rang auquel apparaît la lettre.

Au rang 4, on a donc la lettre de position 16 dans l'alphabet ($4^2 = 16$), c'est-à-dire P.

55. A C E G K M Q **S**

On attribue à chaque lettre un nombre correspondant à sa position dans l'alphabet (A = 1 ; B = 2...).

On remarque alors que les lettres présentes ici correspondent aux nombres premiers, rangés par ordre croissant : 1, 3, 5, 7, 11, 13, 17.

Le suivant est le nombre 19, ce qui correspond à la lettre S.

56. Q W **E** R T Y

Cette série de lettres correspond aux touches du clavier anglais (QWERTY)

57. A Z E R T **Y**

Cette série de lettres correspond aux touches du clavier français (AZERTY).

58. C3 E5 G7 K11 **Y25**

Le nombre suivant la lettre dans chaque groupe correspond à la position de cette lettre dans l'alphabet. La réponse est donc Y.

59. D2 G4 J8 **M16** P32

On passe d'une lettre à l'autre en progressant dans l'alphabet et en sautant deux lettres : D, G, J, M, P, mais il manque le M.

On passe d'un nombre à l'autre en multipliant par 2 : 2, 4, 8, 16, 32, mais il manque le 16.

La réponse est donc M16.

60. 12B 11A 26F 14**D**

Dans chaque groupe, le deuxième chiffre du nombre donne la position de la lettre. La réponse est donc D.

61. BD8 BL24 DF24 AP**16**
On attribue à chaque lettre un nombre correspondant à sa position dans l'alphabet (A = 1 ; B = 2...).
On a alors B x D = 2 x 4 = 8 ; B x L = 2 x 12 = 24 ;
D x F = 4 x 6 = 24.
Donc A x P = 1 x 16 = 16.

62. A1 B8 C27 D64 **E125** F216
Les lettres sont successives. La lettre manquante est donc E.
Le nombre est obtenu en mettant le rang du groupe au cube. Le chiffre manquant est 5^3 = 125.
Le groupe manquant est donc E125.

63. 3I 2D 5Y 1**A** 4P
On attribue à chaque lettre un nombre correspondant à sa position dans l'alphabet (A = 1 ; B = 2...).
Le carré du nombre donne la position de la lettre. La réponse est A.

64. RUSSIE-123345 **SIRUSE**-341235
A chaque lettre correspond un chiffre, qui se trouve dans la même position que la lettre. Ainsi, R = 1, U = 2, S = 3, I = 4 et E = 5. En appliquant ce code au chiffre 341235, on obtient SIRUSE.

65. BAC-213 LICENCE-129351435
Les chiffres correspondent aux positions des lettres dans l'alphabet (B = 2, A = 1, C = 3). La réponse est 129351435.

66. ADSL-36 CABLE-**23**
On attribue à chaque lettre un nombre correspondant à sa position dans l'alphabet (A = 1 ; B = 2...).
Le nombre correspond à la somme des rangs des lettres :
A + D + S + L = 1 + 4 + 19 + 12 = 36.
Donc pour CABLE : 3 + 1 + 2 + 12 + 5 = 23.

67. TF1 FR2 FR**3**
Il s'agit des trois premières chaînes de télévision française. La réponse est 3.

68. 6F 8H 13M **5**E 12L **12**L 5E
Le nombre correspond à la position de la lettre dans l'alphabet. La réponse est 5E et 12L.

69. AUTOMATE = CWVQOCVG
MACHINE = ???????
Réponse : OCEJKPG
On remplace chaque lettre du mot par celle qui se trouve 2 places après dans l'alphabet.

70. Quel est l'intrus ?
TONNERRE – FOUDRE – ORAGE – OURAGAN – PLUIE
Réponse : PLUIE
C'est le seul mot qui ne contient pas de O.

71. 7 – 11 – 15 – 19 - ? - ?
Réponse : 23 – 27
C'est une progression de 4.

72. YZW – PQN – GHE – CD?
Réponse : A
Dans chaque groupe, les deux premières lettres se suivent, tandis que la troisième recule de 3 places par rapport à la deuxième.

73. EFH – KLO – STX – TU?
Réponse : Z
Dans chaque groupe, les deux premières lettres se suivent, tandis que la troisième avance de 2, puis de 3, puis de 4, puis de 5 places par rapport à la deuxième.

74. Mois – Semaines – Jours – 12 – 52 - ?
Réponse : 365
Il s'agit du nombre de mois, puis de semaines, puis de jours dans une année.

75. 1 – 11 – 21 – 1211 – 111221 – ??????

Réponse : 312211

Il suffit d'écrire le nombre de chiffres de la série précédente (faites-le à l'oral pour vous aider).

76. 2 10 4 12 6 14 8 ? ?

Réponse : 9 16

On progresse de 2, une fois sur deux.

77. Quel est l'intrus ?
RAT – LION – ELEPHANT – CHIEN – SERPENT

Réponse : SERPENT

Ce n'est pas un mammifère.

78. douze5 – deux4 – six3 – quatorze8 – neuf?

Réponse : 4

Le chiffre correspond au nombre de lettres dans le mot.

79. 6R – 3I – 2O – 7E – 5U – 4T – 1V VOITURE
5E – 2A – 7I – 8E – 3T – 1B – 4T – 6R ????????

Réponse : BATTERIE

Chaque chiffre correspond à la place de la lettre dans le mot.

80. Seau – Veau – Beau - ?eau
Tente – Vente – Rente - ?ente

Réponse : P

Cette lettre permet de composer un nouveau mot sur chaque ligne.

PARTIE III

SÉRIES DE FIGURES

1. Enoncés

1.

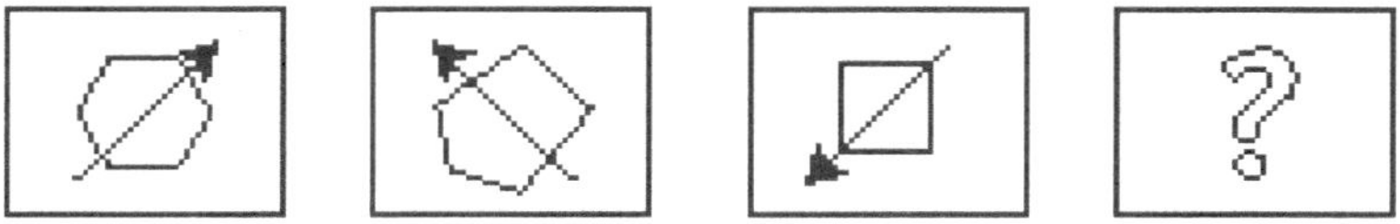

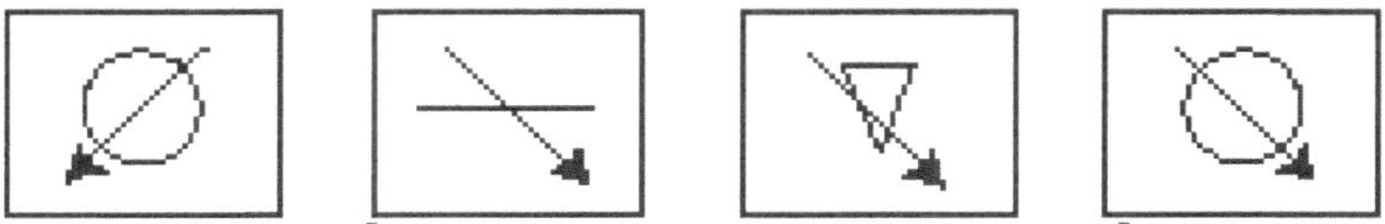

a b c d

2.

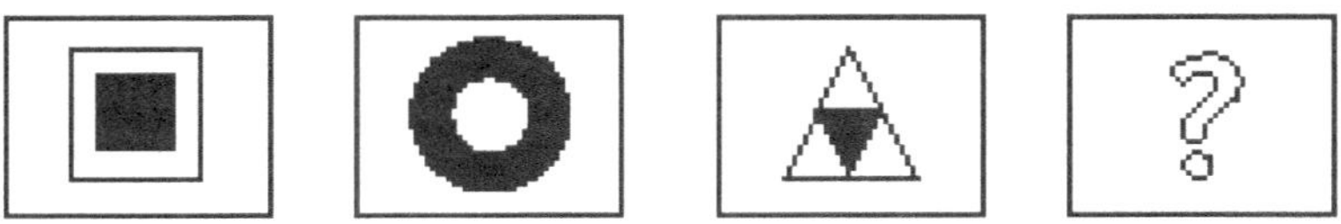

a b c d

3.

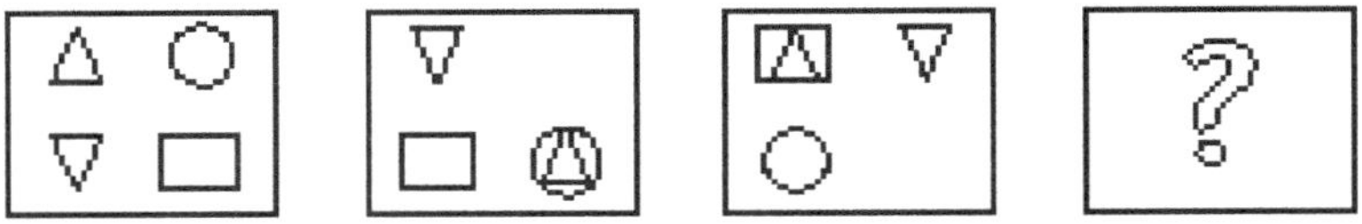

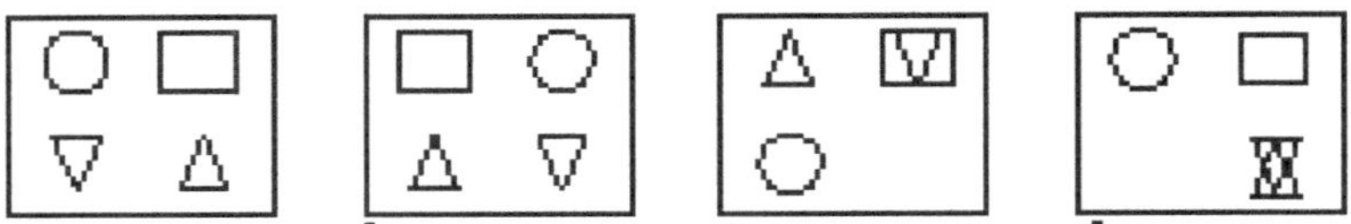

a b c d

4.

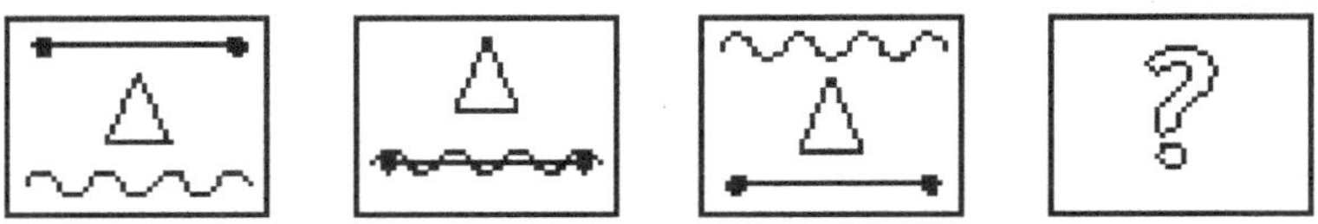

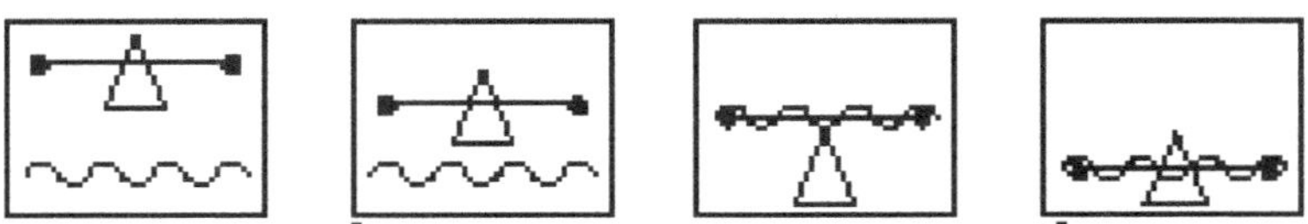

a b c d

5.

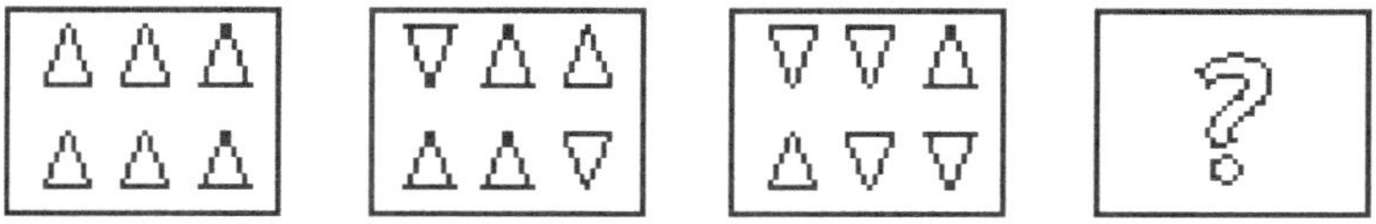

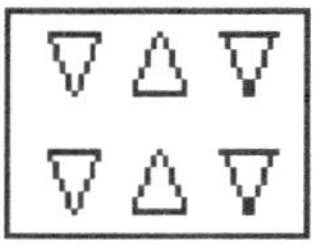
a

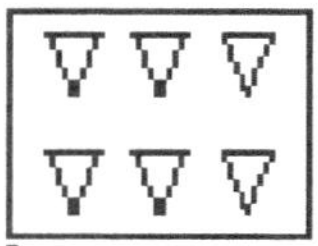
b

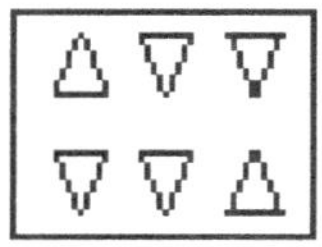
c

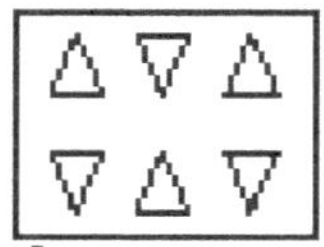
d

6.

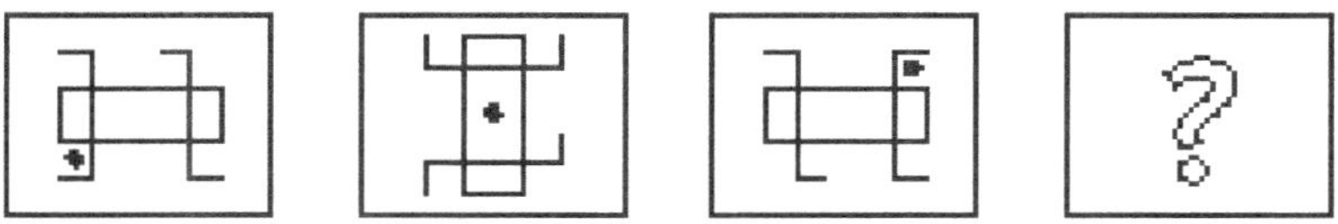

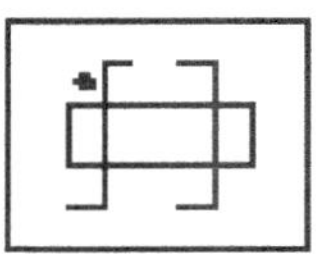
a

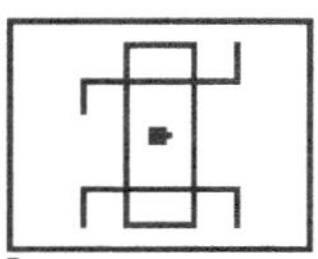
b

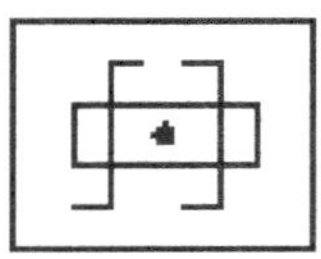
c

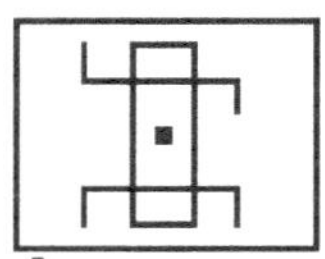
d

7.

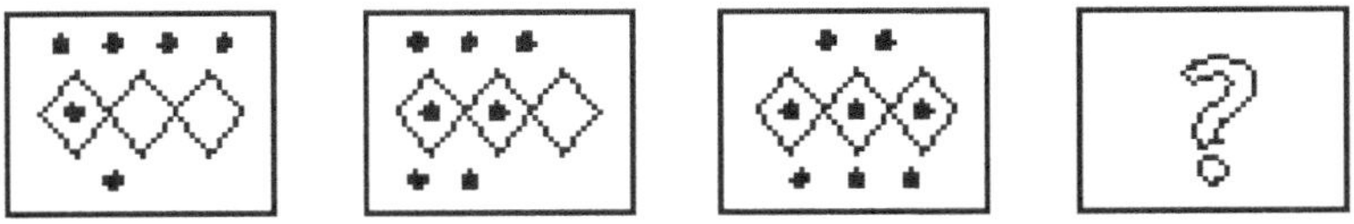

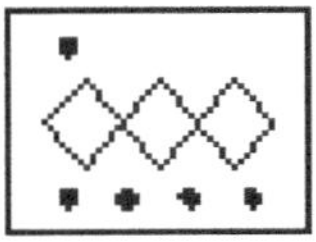
a

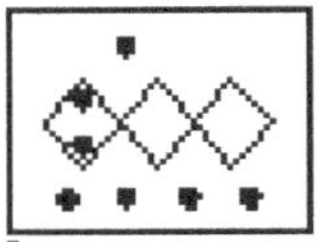
b

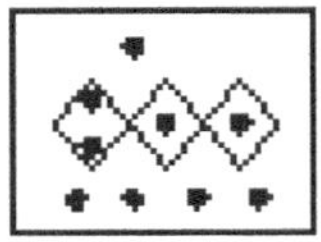
c

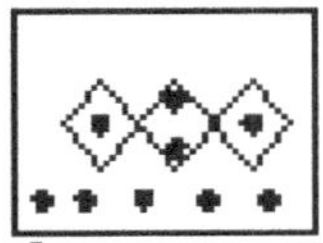
d

8.

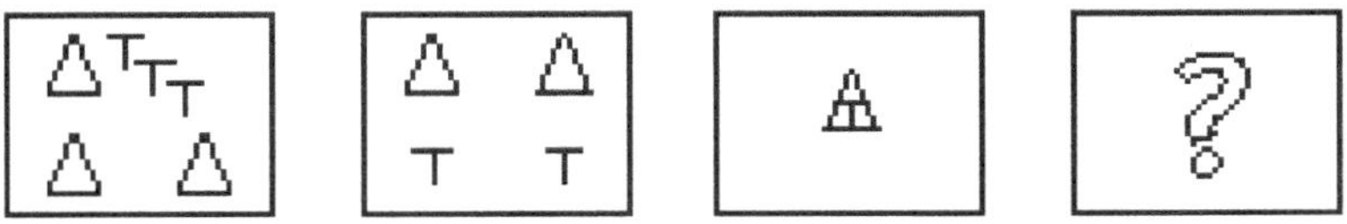

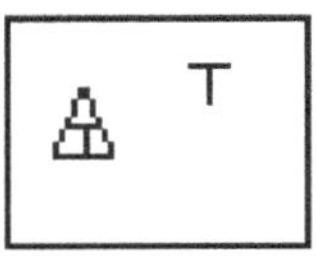
a

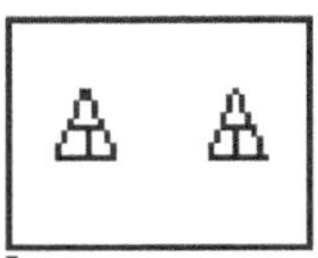
b

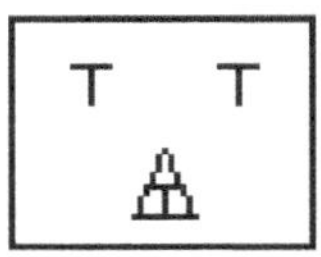
c

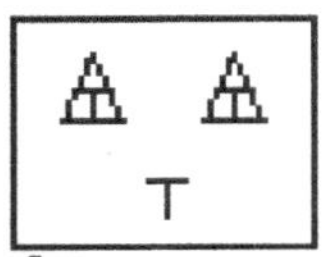
d

9.

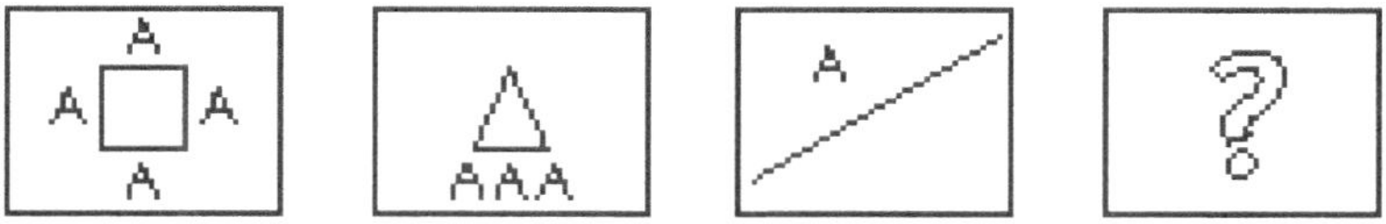

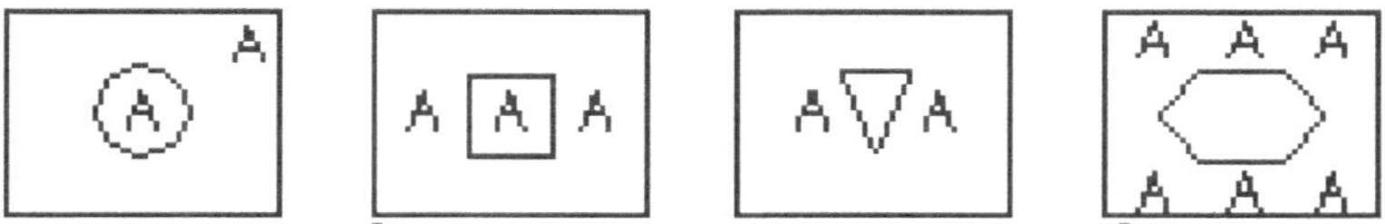

a b c d

10.

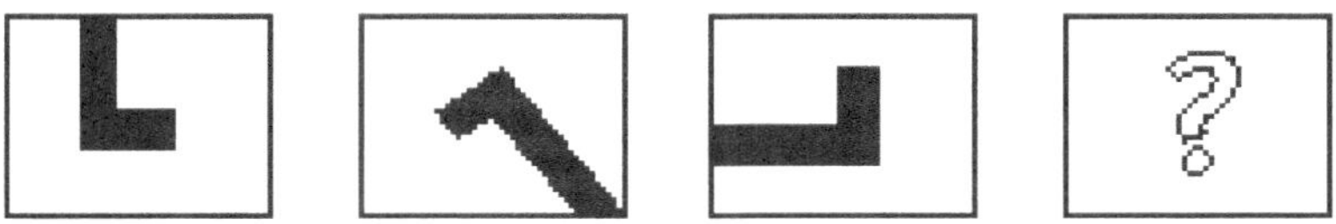

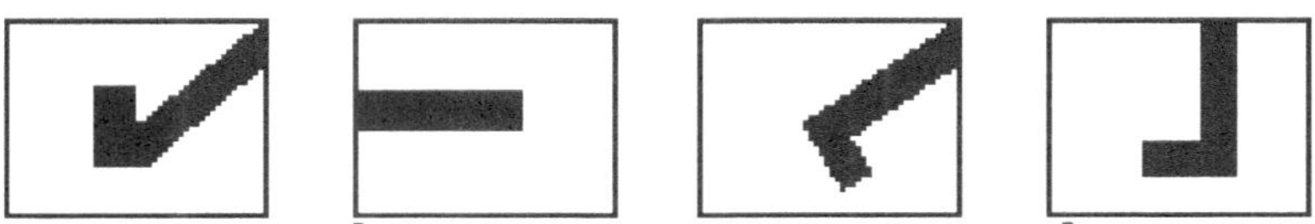

a b c d

11.

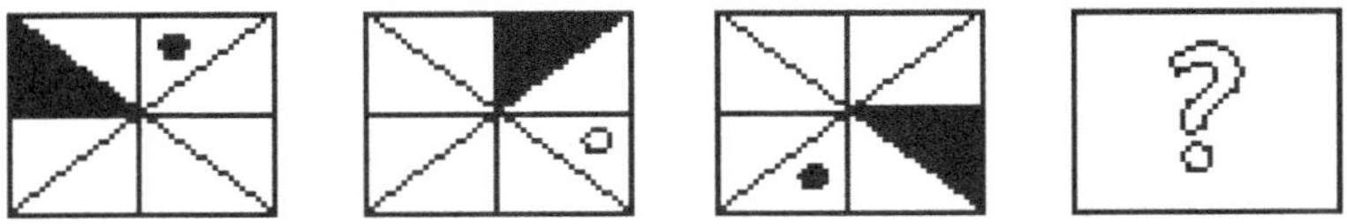

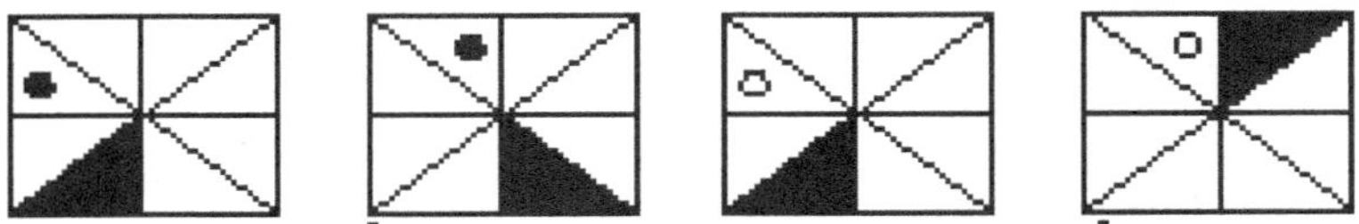

a b c d

12.

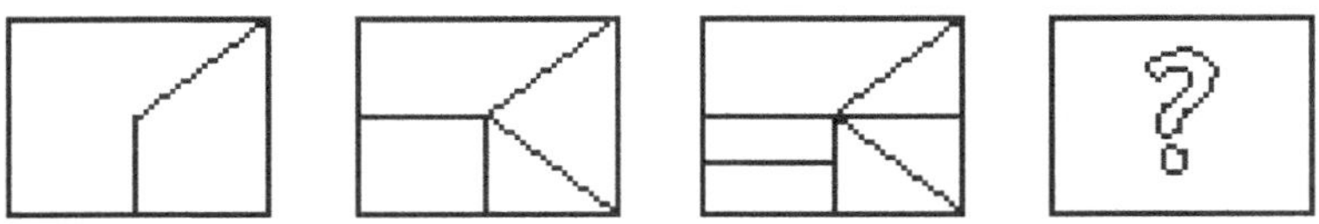

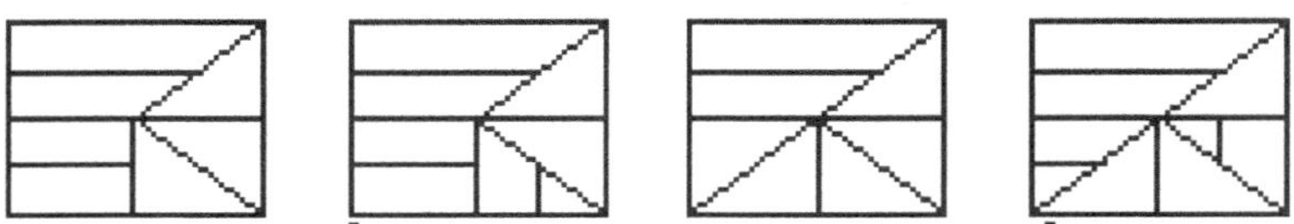

a b c d

13.

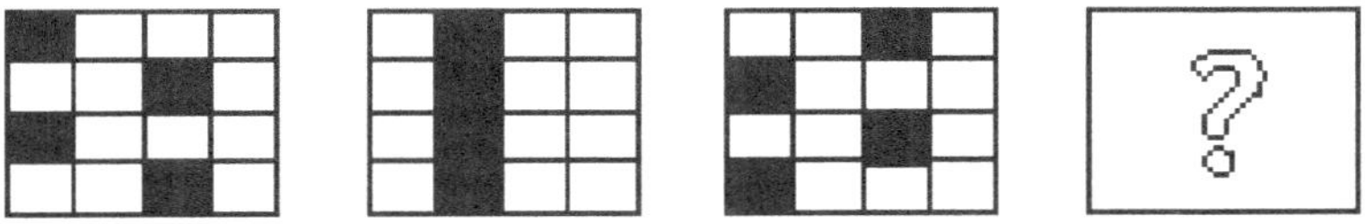

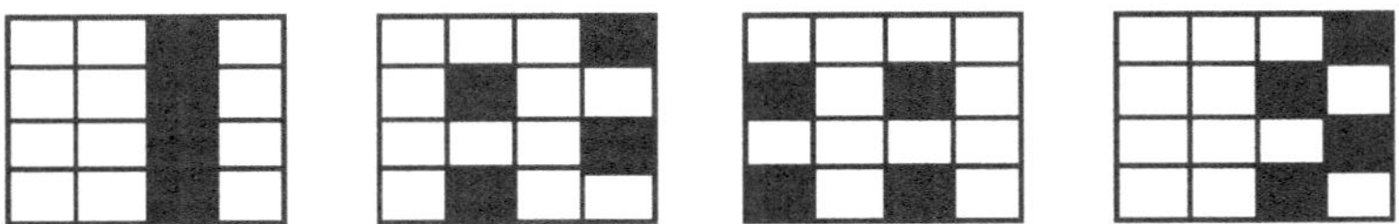

a b c d

14.

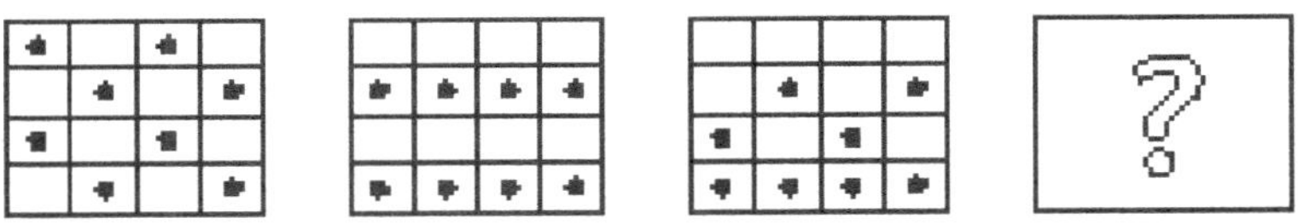

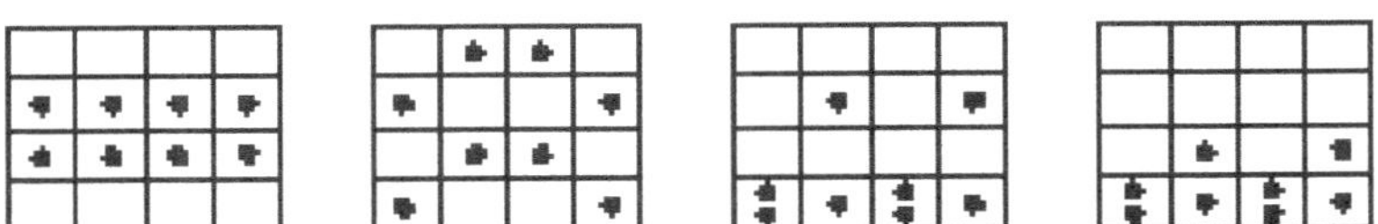

a b c d

15.

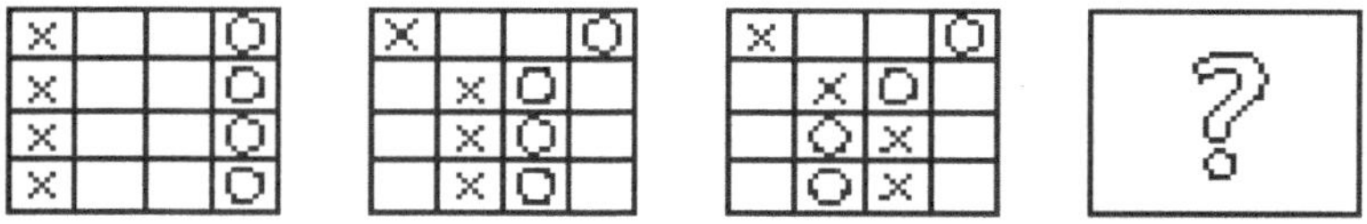

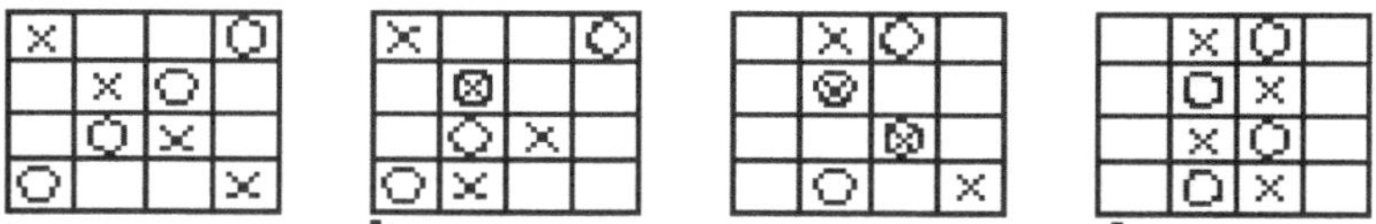

a b c d

16.

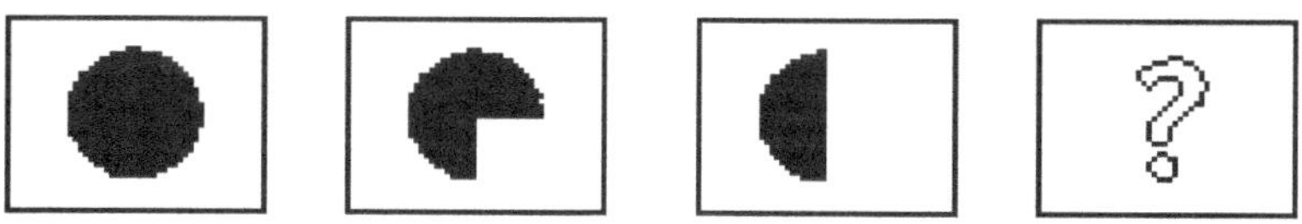

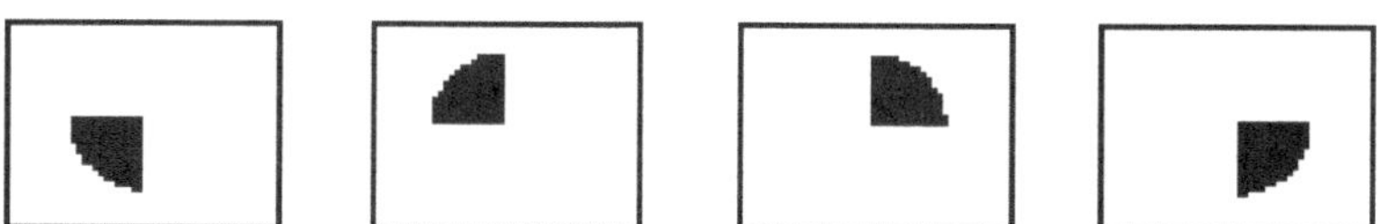

a b c d

17.

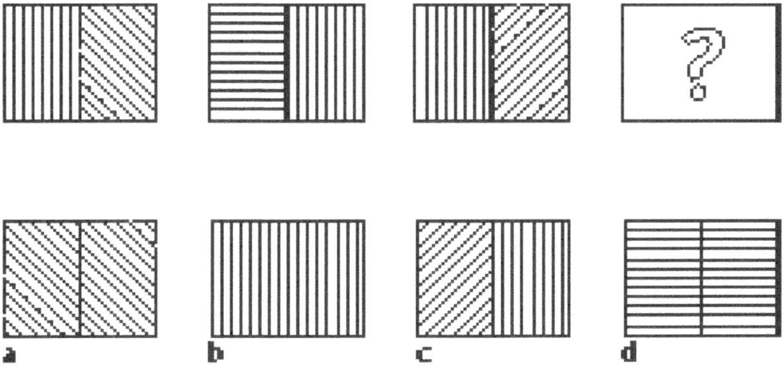

18.

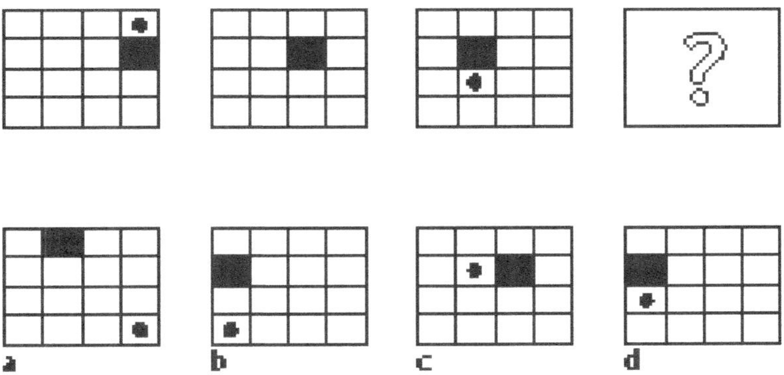

19.

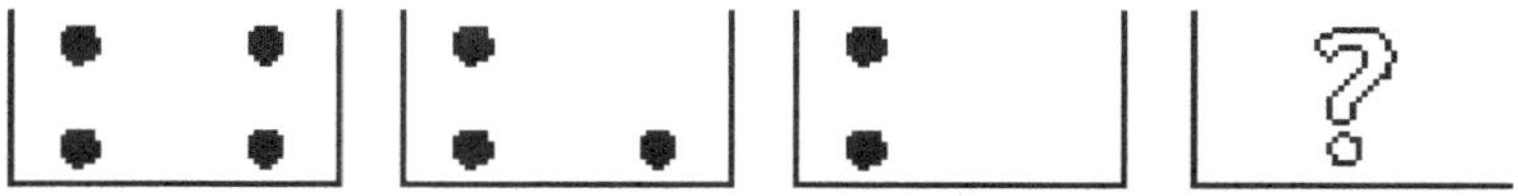

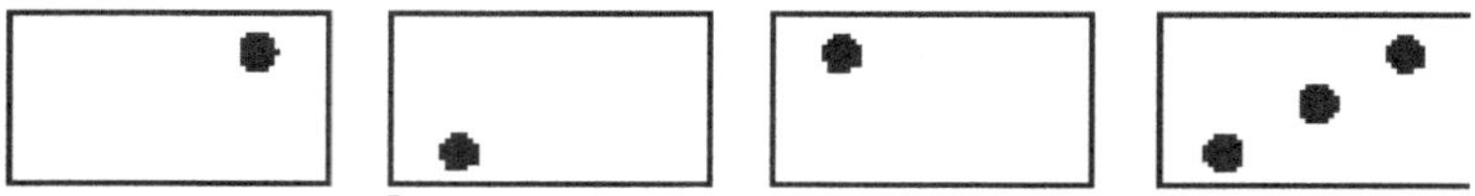

a b c d

2. Corrigés

1. c)

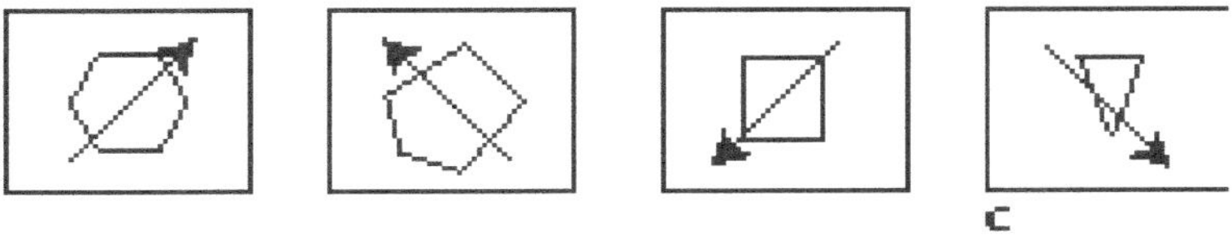

On enlève un côté à la figure à chaque nouvelle image. De plus, la flèche tourne d'un quart de tour dans le sens inverse des aiguilles d'une montre à chaque nouvelle image. La réponse est c).

2. a)

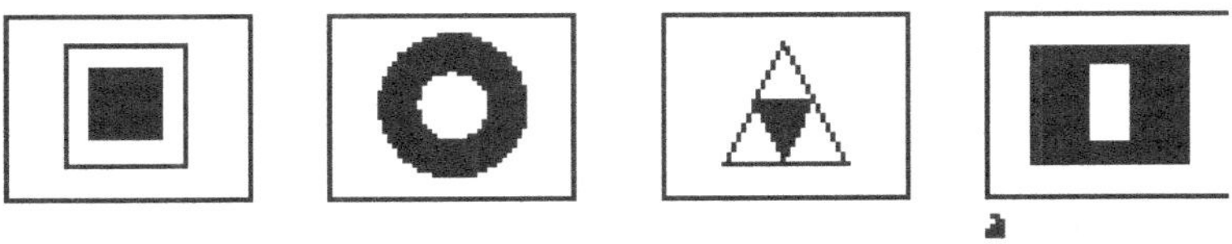

Dans chaque image, la même figure apparaît deux fois. L'une est blanche et l'autre et noire, l'une est incluse dans l'autre, et l'une est renversée. La réponse est a).

3. d)

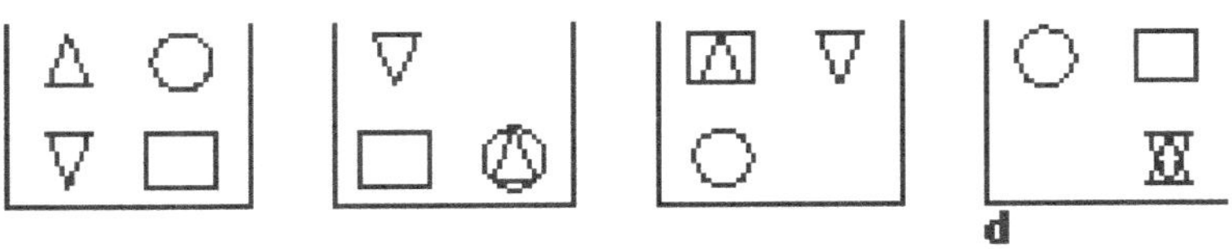

Le triangle dont la pointe est tournée vers le haut se déplace suivant la diagonale. Les autres figures tournent dans le sens des aiguilles d'une montre. La réponse est d).

4. c)

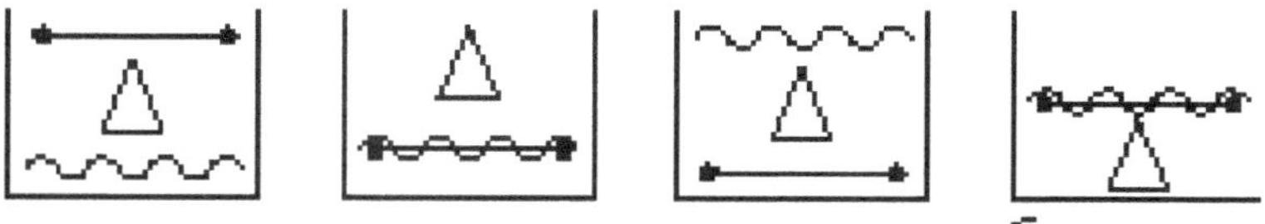

c

Chaque figure se déplace d'un cran, vers le haut ou vers le bas. La réponse est c).

5. b)

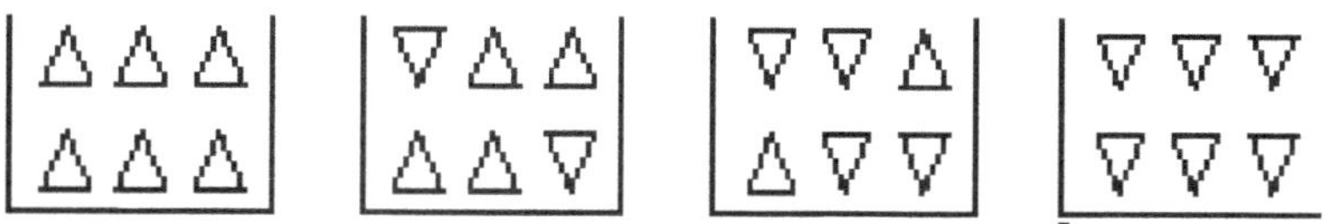

b

Les triangles du haut effectuent successivement une rotation de 180°, en commençant par celui de gauche. De même pour les triangles du bas, en commençant par celui de droite. La réponse est b).

6. b)

b

Les figures tournent ensemble de 90°. Le point se déplace le long de la diagonale. La réponse est b).

7. c)

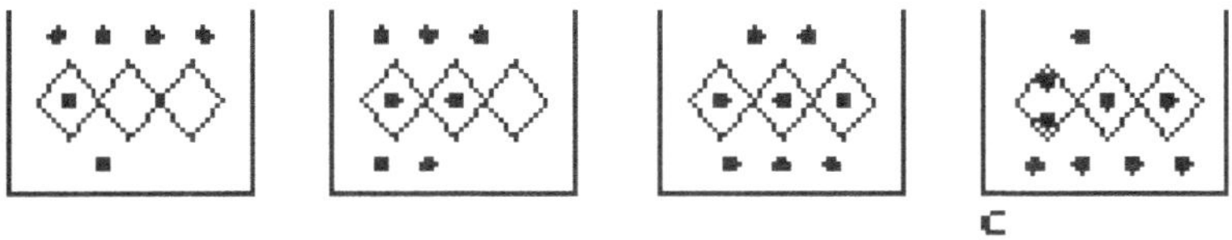

A chaque nouvelle image, un point de la ligne du haut passe dans la ligne du bas. En même temps, un point apparaît dans les losanges. La réponse est c).

8. b)

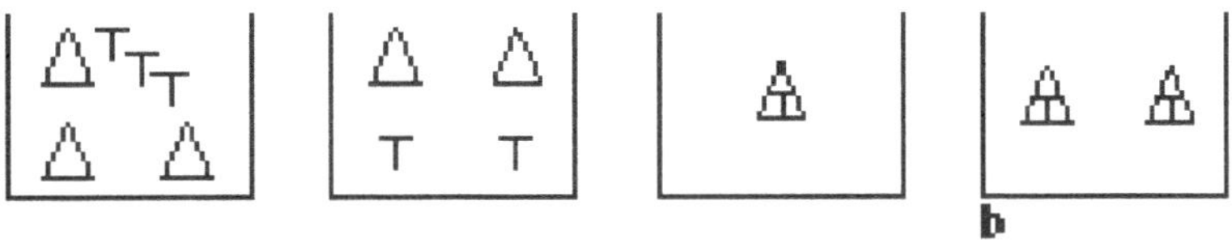

Il y a dans chaque image autant de lettres « T » que de triangles. La réponse est b).

9. d)

Il y a dans chaque image autant de lettres « A » que de côtés à la figure. La réponse est d).

10. c)

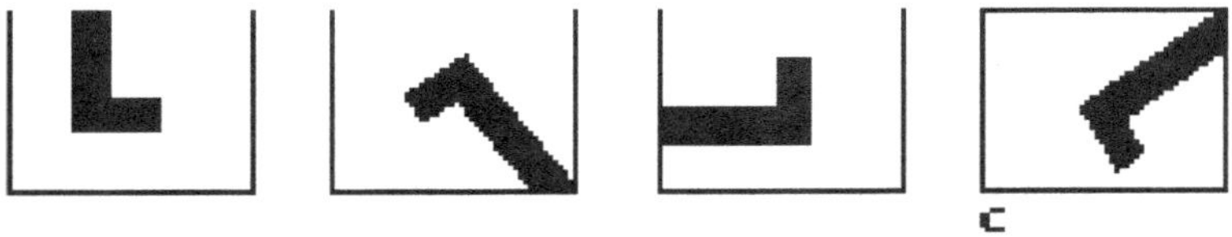

A chaque nouvelle image, la figure tourne de 135° dans le sens des aiguilles d'une montre. La réponse est c).

11. c)

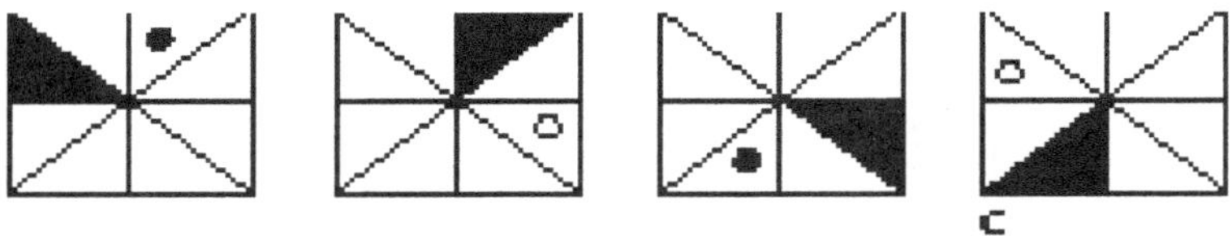

Le point se déplace dans le sens des aiguilles d'une montre, en sautant un triangle à chaque nouvelle image. Il est successivement noir puis blanc. Le triangle noir occupe à chaque nouvelle image la place précedemment occupée par le point. La réponse est c).

12. b)

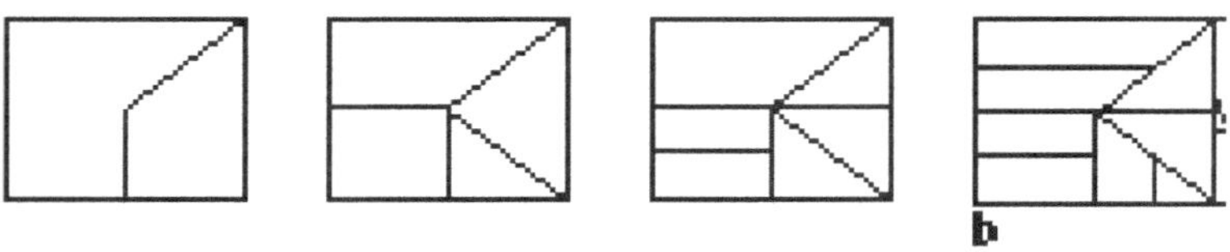

Il y a deux traits supplémentaires à chaque fois, c'est-à-dire huit traits au final. La réponse est b).

13. b)

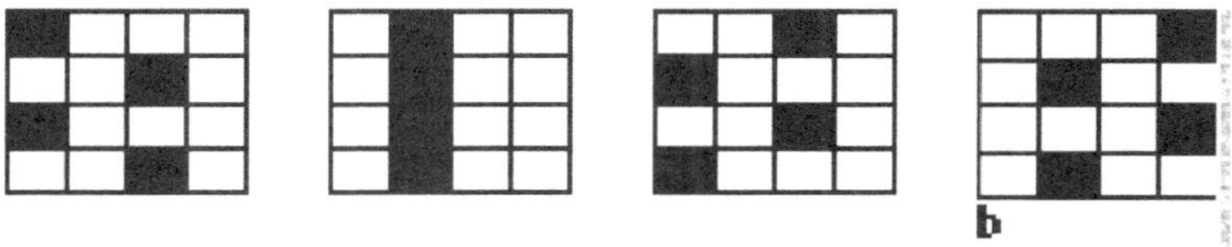

Les carrés noirs des lignes 1 et 3 se déplacent vers la droite ; ceux des lignes 2 et 4 se déplacent vers la gauche, puis reviennent vers la droite une fois arrivés en bout de ligne. La réponse est b).

14. c)

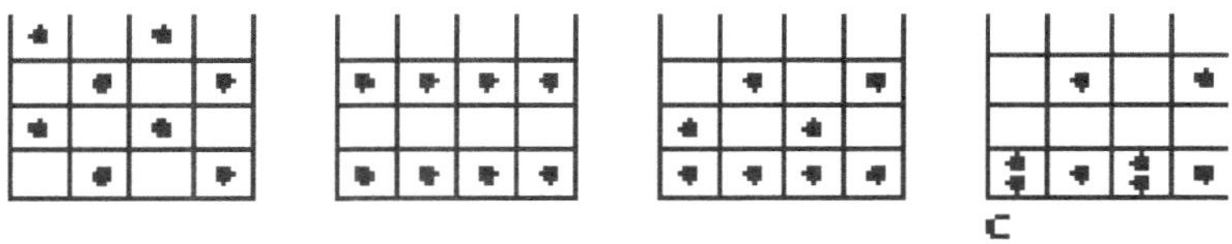

Les points des colonnes 2 et 3 descendent d'une ligne à chaque nouvelle image. Une fois arrivés dans la ligne du bas, ils y restent. La réponse est c).

15. a)

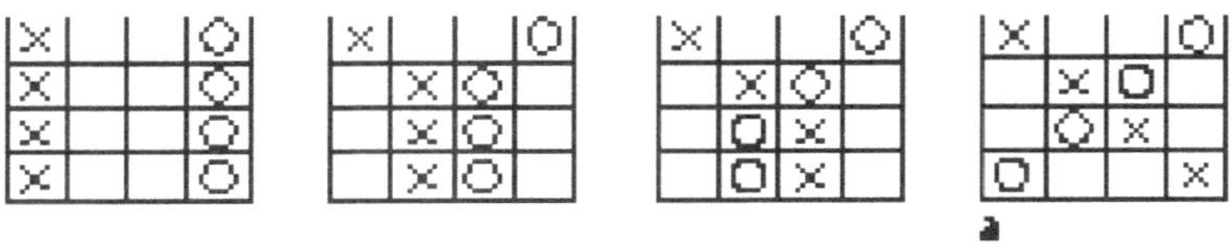

Les croix se déplacent vers la droite, les cercles vers la gauche. On décale les trois dernières lignes, puis les deux dernières, puis seulement la dernière. La réponse est a).

16. c)

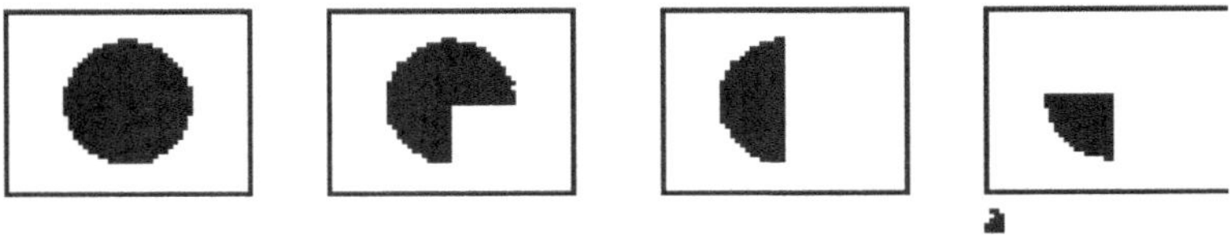

Un quart de cercle disparaît à chaque nouvelle image, dans le sens inverse des aiguilles d'une montre. La réponse est a).

17. a)

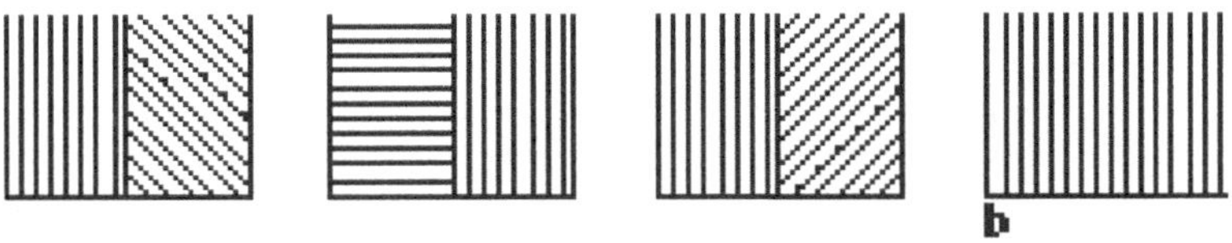

Les traits verticaux sont successivement dans la moitié gauche puis dans la droite. Les autres traits tournent de 45° dans le sens des aiguilles d'une montre à chaque nouvelle image. La réponse est b).

18. b)

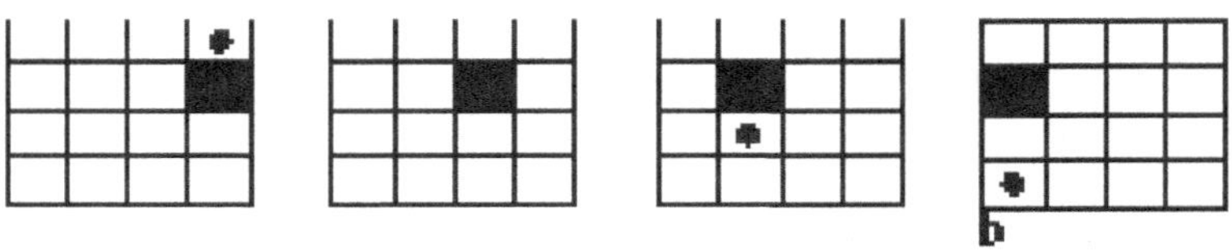

Le point se déplace en diagonale, et le carré de gauche à droite. La réponse est b).

19. b)

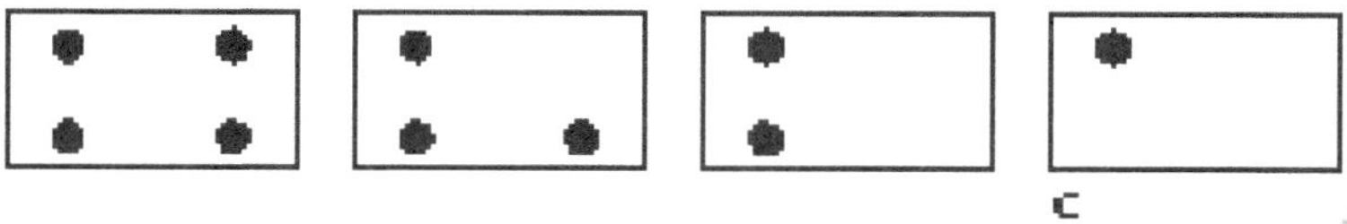

Un point disparaît à chaque nouvelle image, dans le sens des aiguilles d'une montre. La réponse est c).

PARTIE IV

MATRICES

1. Enoncés

1.

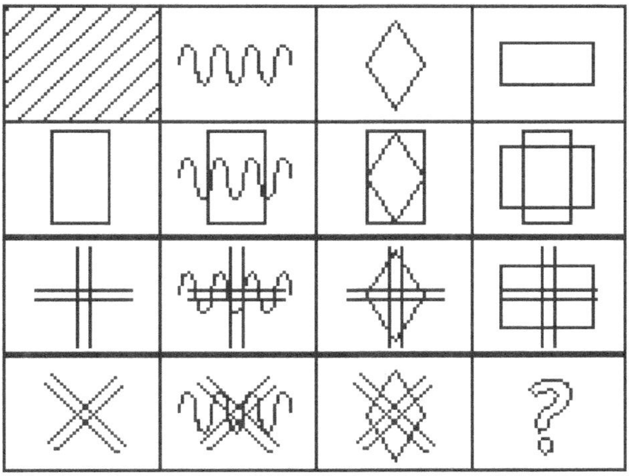

a 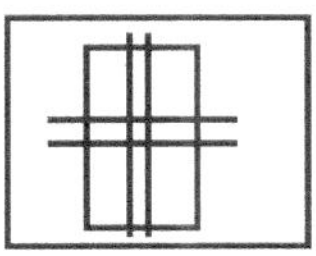 b 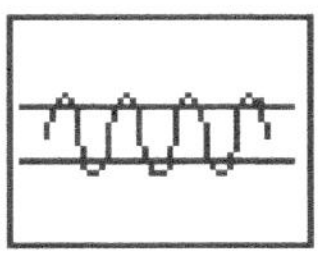 c 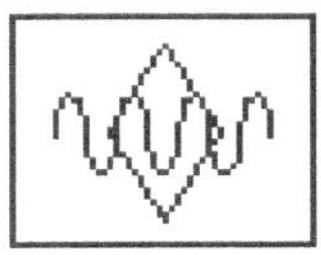 d 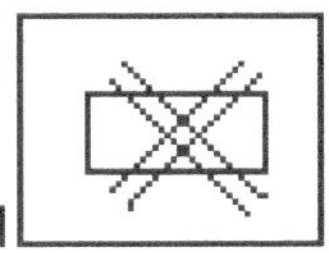

2.

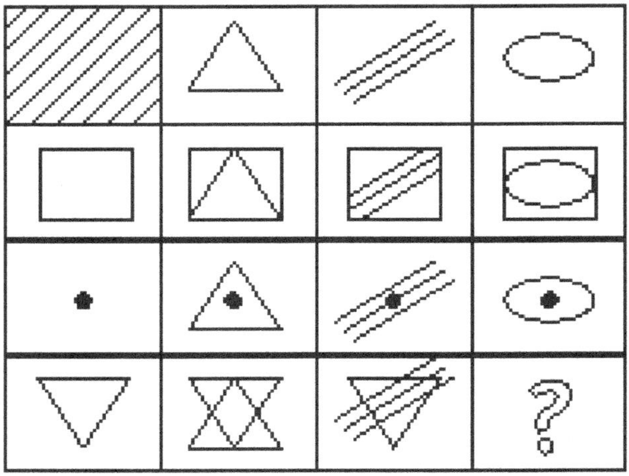

a 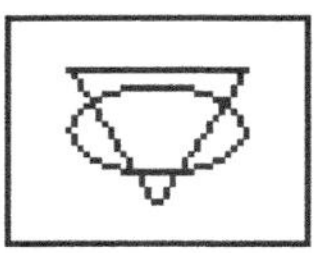

b 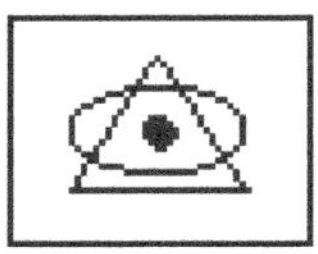

c 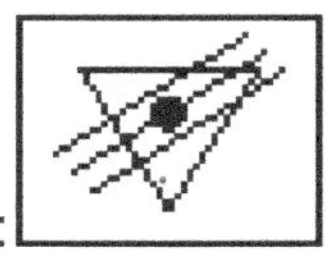

d 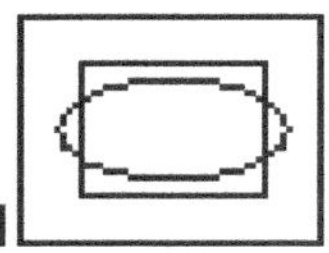

3.

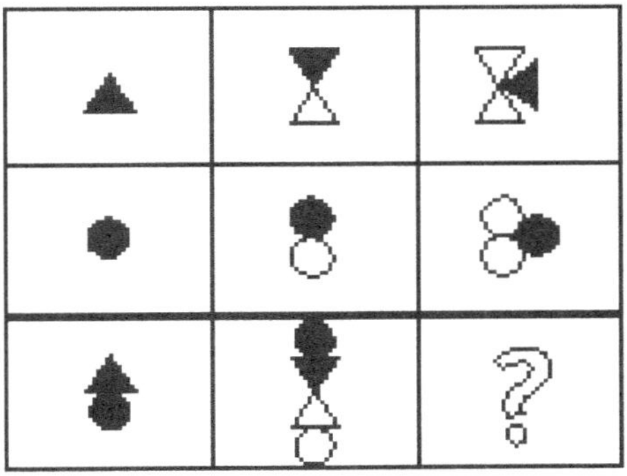

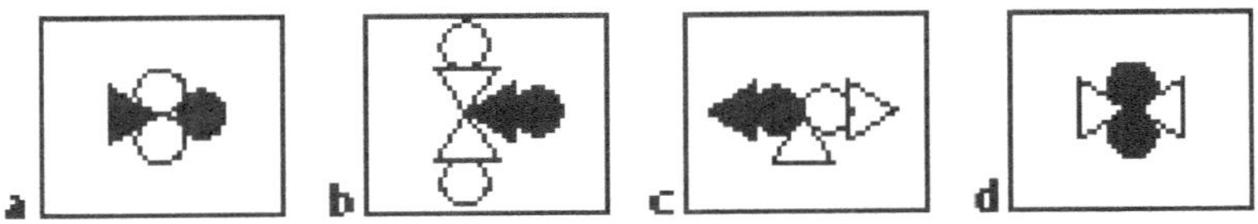

4.

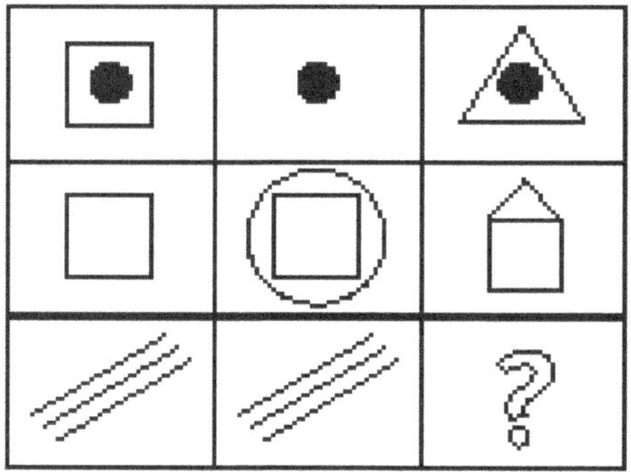

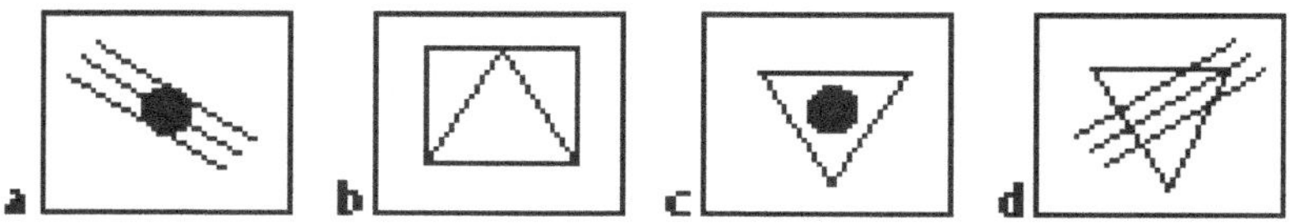

5.

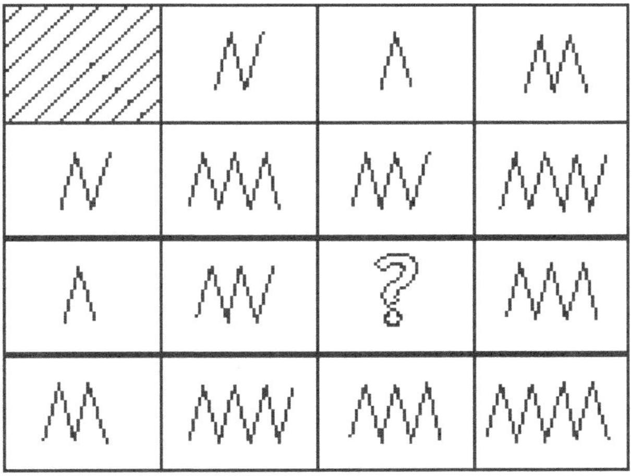

a 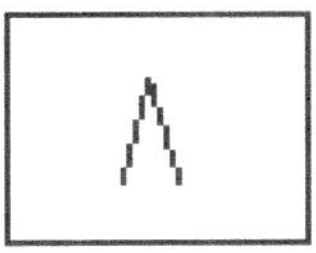

b 

c 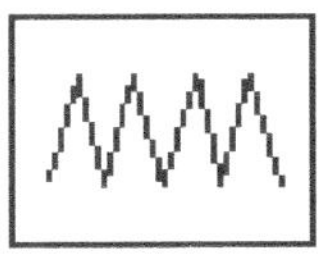

d 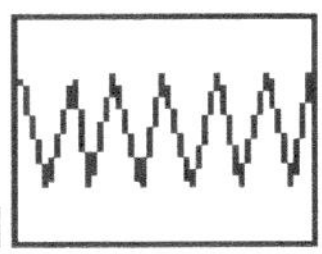

6.

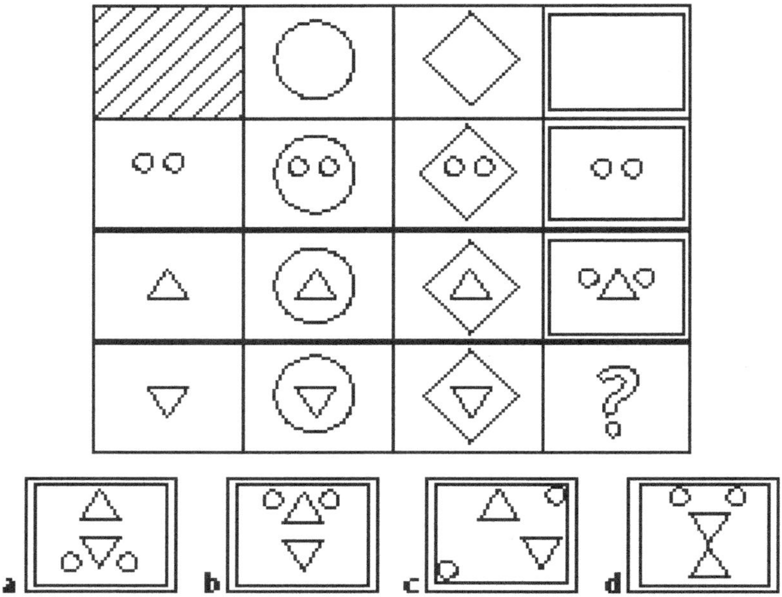

7.

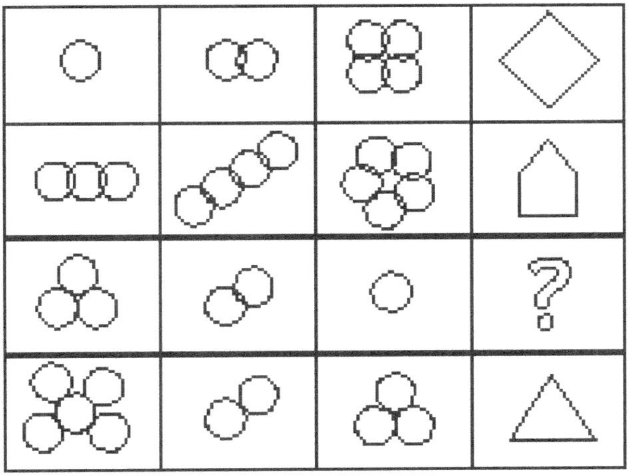

a 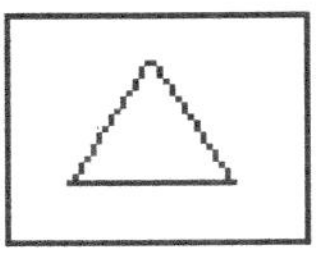

b 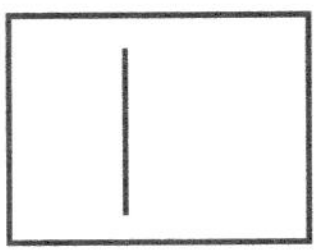

c 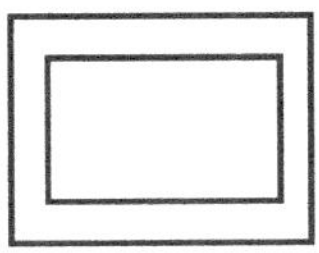

d 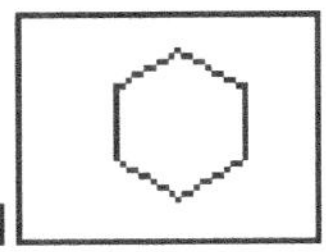

8.

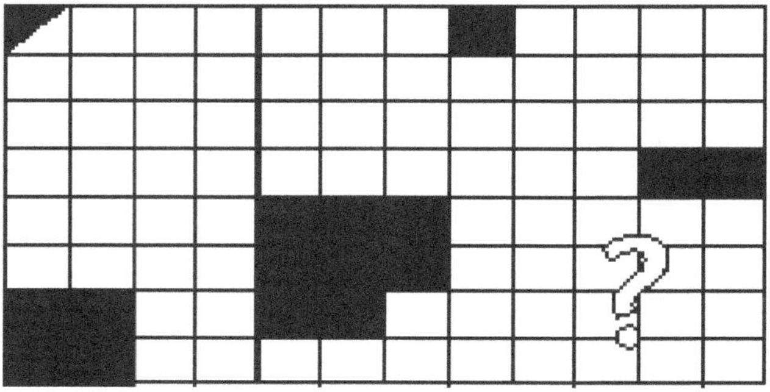

a 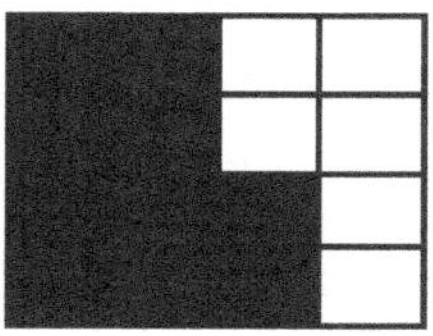 b 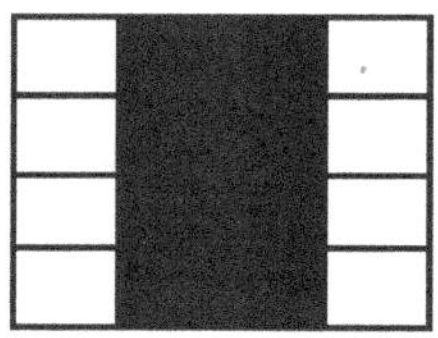 c 

9.

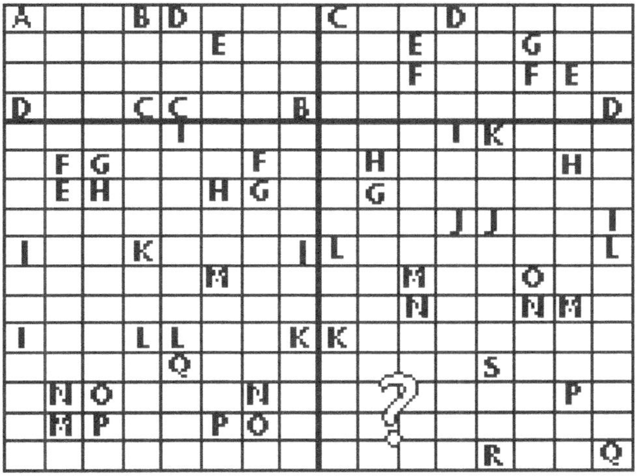
A B D C D
E E G
F F E
D C C B D
I I K
F G F H H
E H H G G
J J I
I K I L L
M M O
N N M
I L L K K
Q S
N O N ? P
M P P O
R Q

a
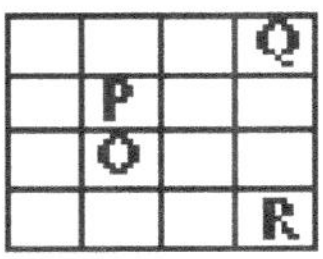
Q
P
O
R

b
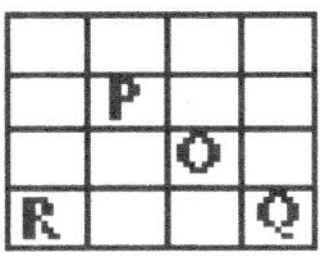
P
O
R Q

c
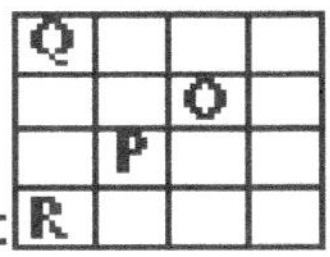
Q
O
P
R

d
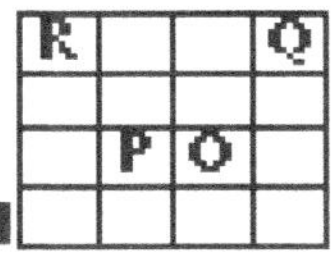
R Q
P O

10.

A	B	C	J	K	L
D	E	F	M	N	O
G	H	I	P	Q	R

AJ BM CP	AK BN CQ	AL BO CR
DJ EM FP	?	DL EO FR
GJ HM IP	GK HN IQ	GL HO IR

a
DK
EN
FQ

b
DK
EQ
FN

c
RC
QH
PG

11.

3	10	13	M
1	0	1	A
2	3	5	E
11	11	22	?
0	1	1	A

a B

b F

c K

d V

12.

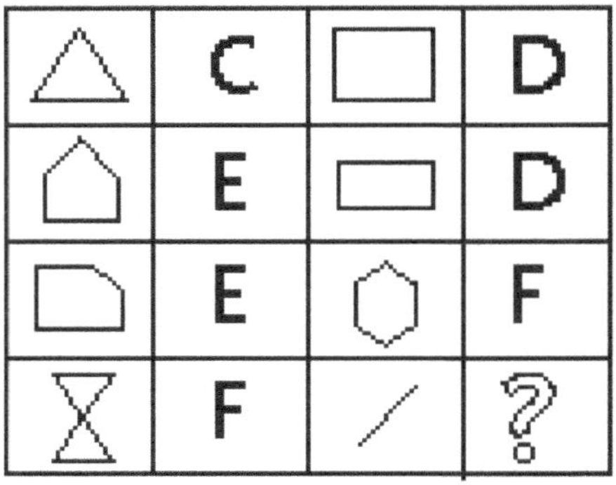

a A

b B

c C

d D

13.

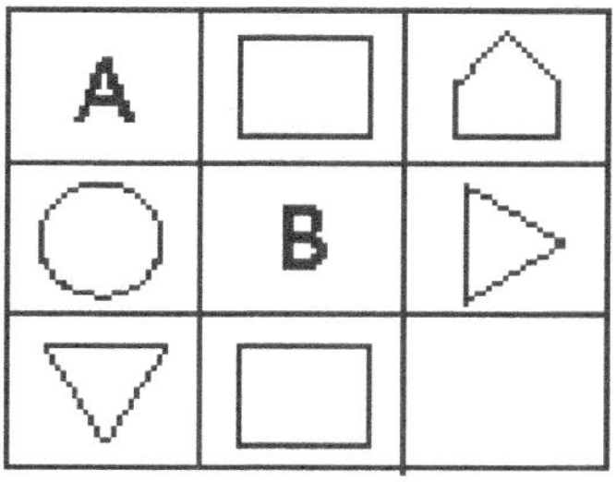

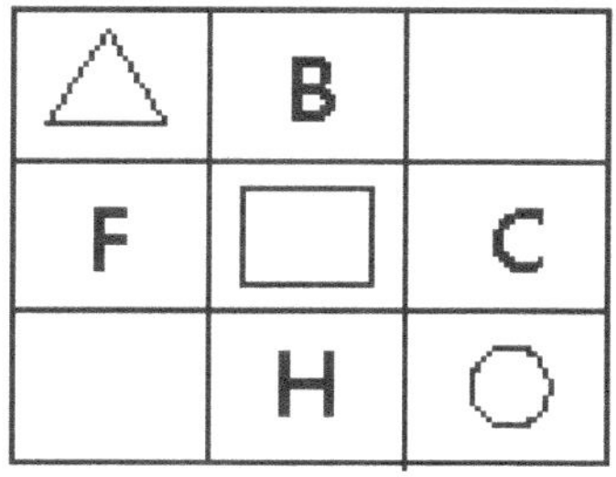

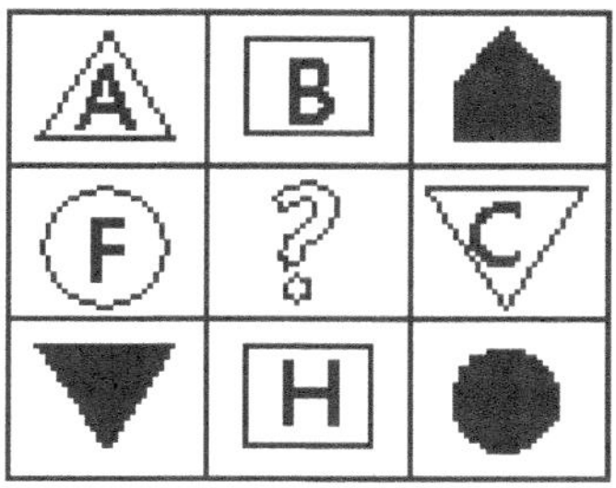

a 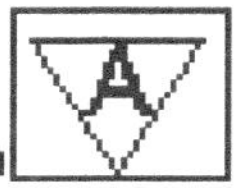

b 

c 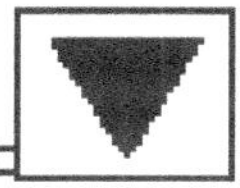

d 

14.

?	11	22	V
6	5	1	A
24	2	22	V
11	10	1	?

a 9   b 33   c 12   d 7

e G   f E   g A   h B

15.

7	G	6	F
15	O	2	B
12	L	14	N
21	U	9	?

a R b 13 c P d I

16.

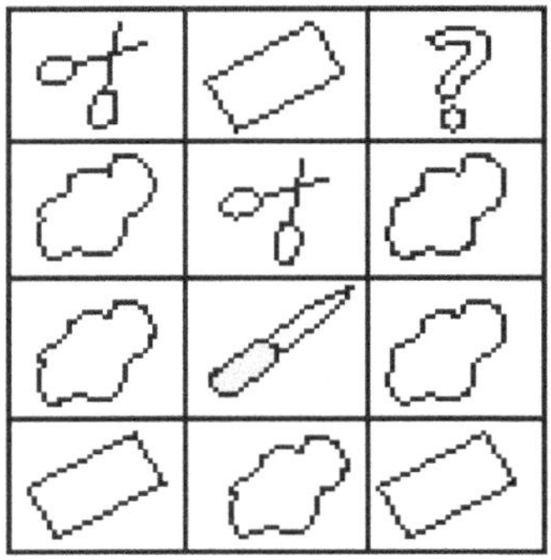

17.

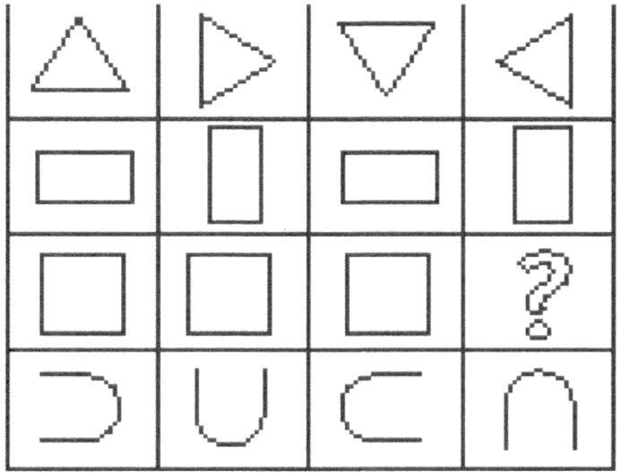

a 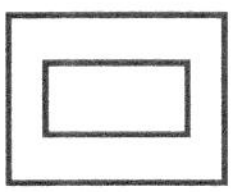

b 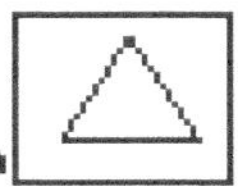

c 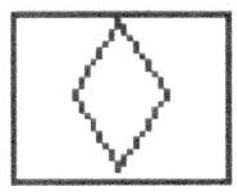

d 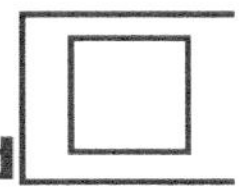

18.

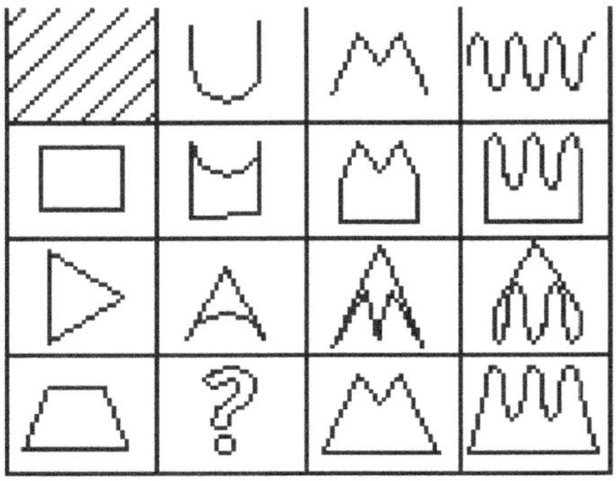

a 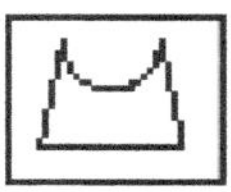

b 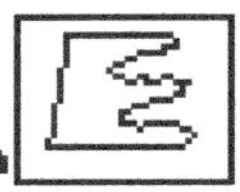

c 

d 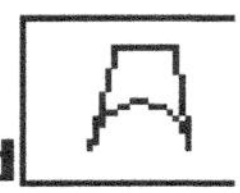

19.

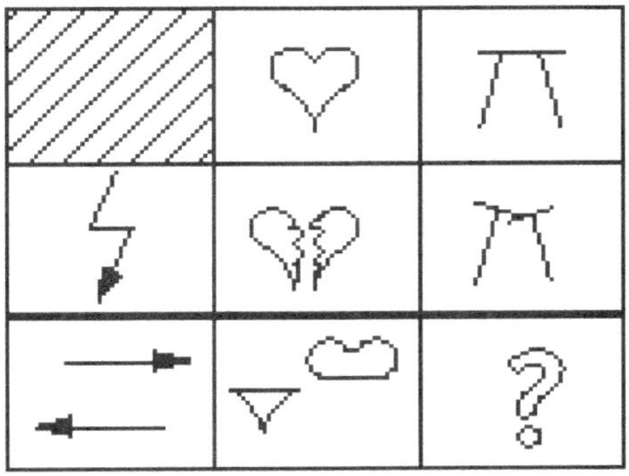

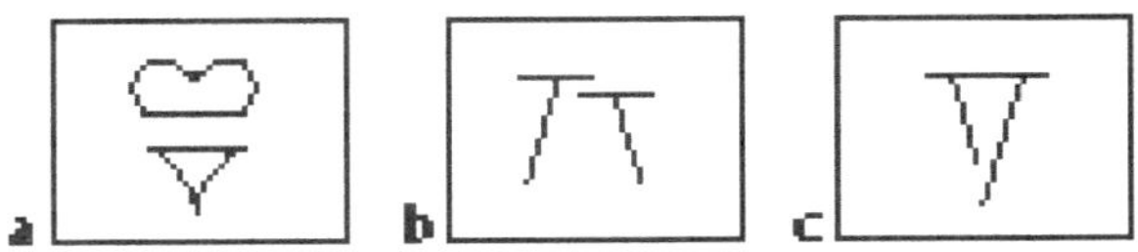

20.

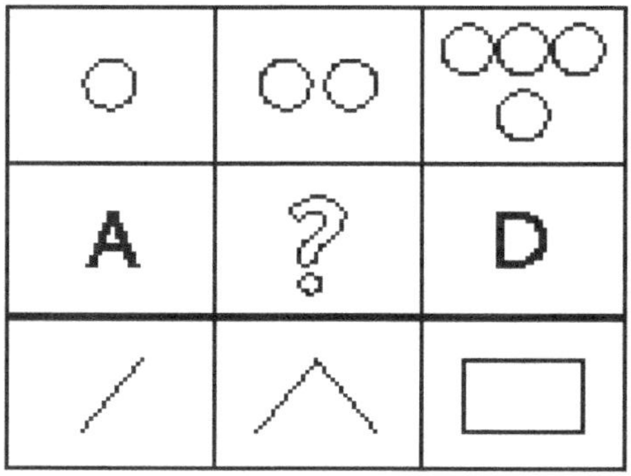

a 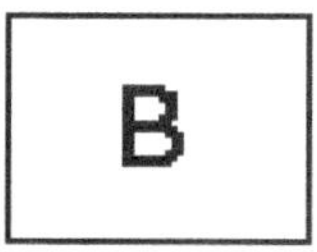

b 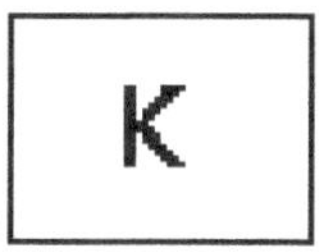

c 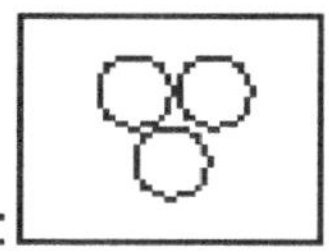

21.

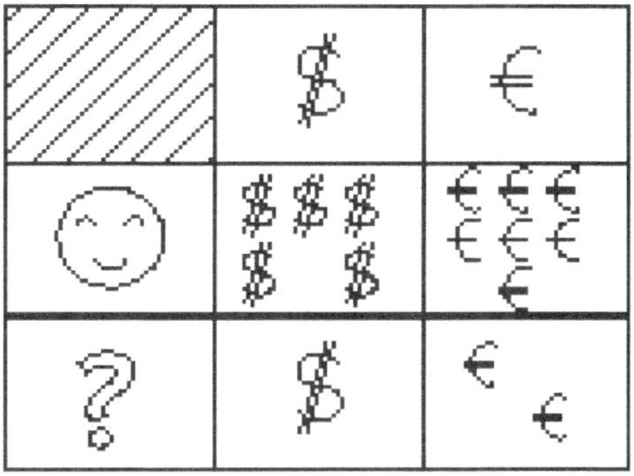

a b c

22.

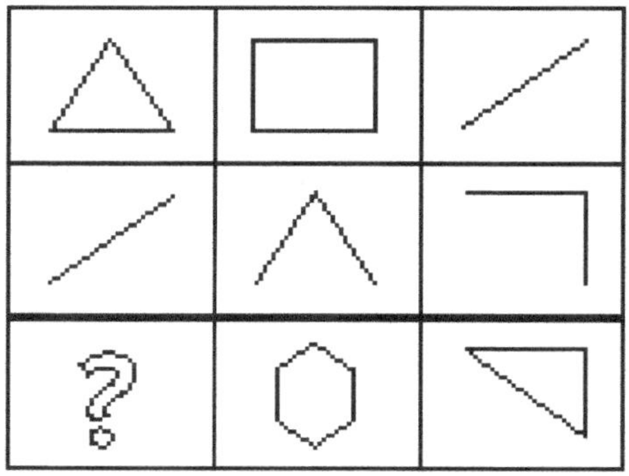

a 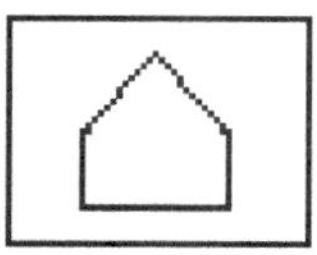 b 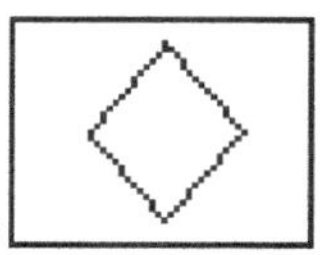 c 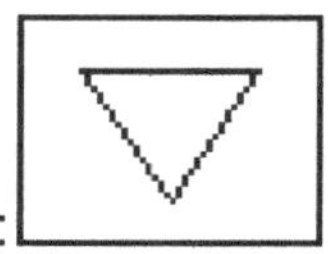

23.

a	e	i
o	u	y
au	?	io

a | ey |
b | eu |
c | ao |

24.

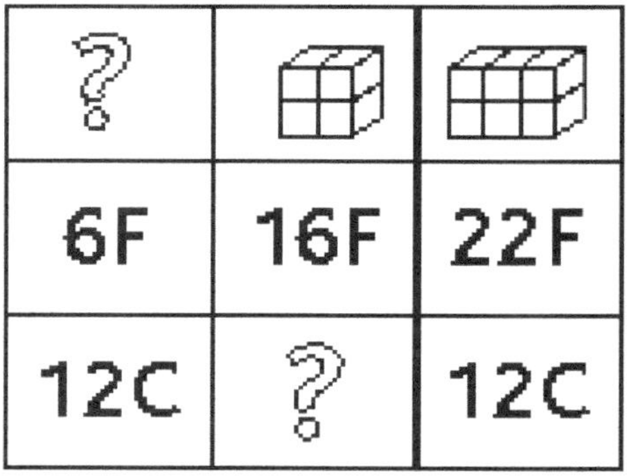

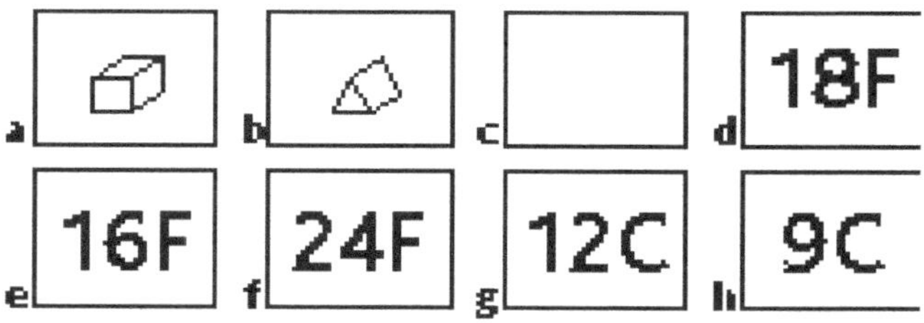

25.

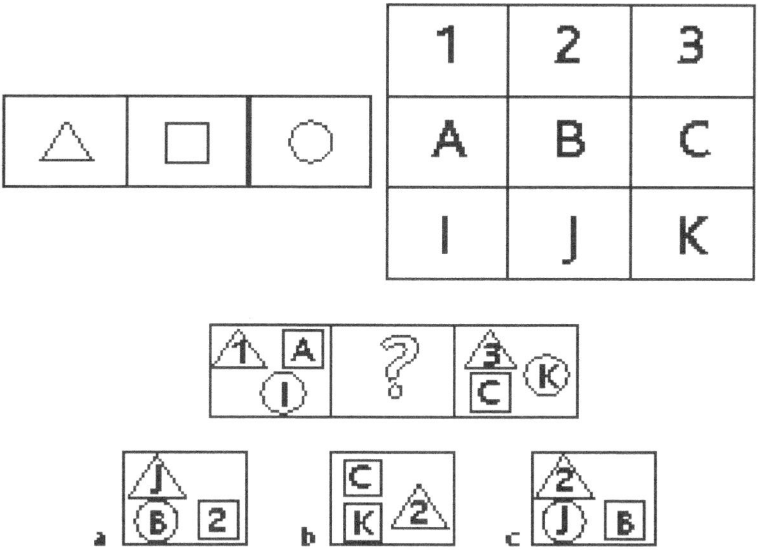

26.

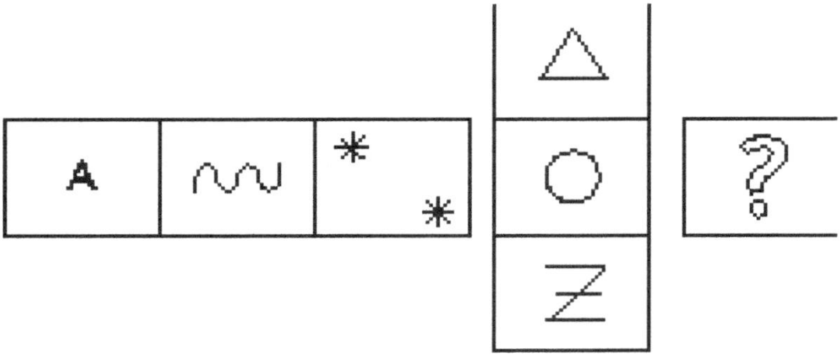

a 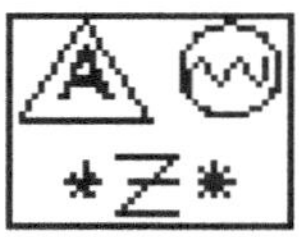

b 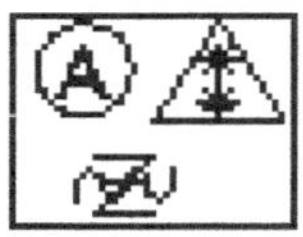

c 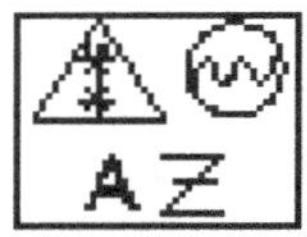

27.

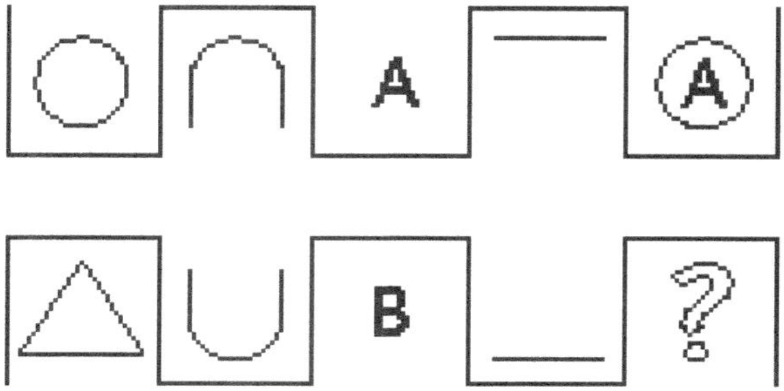

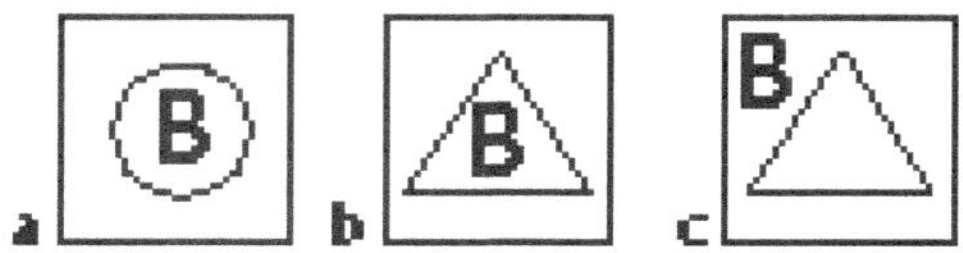

28.

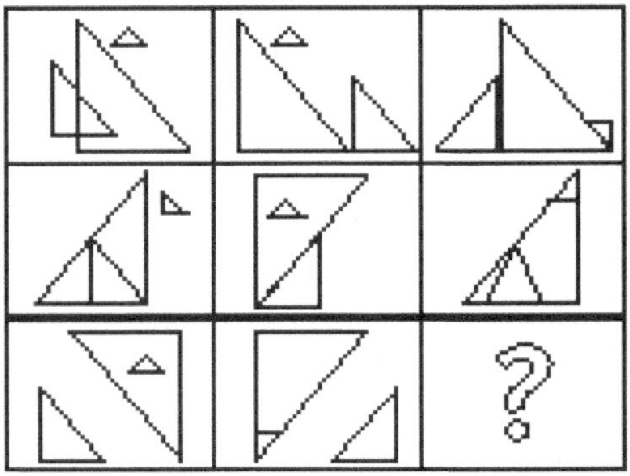

a 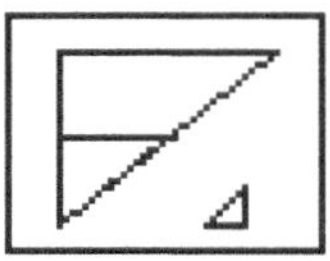

b 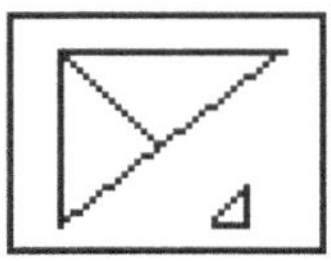

c 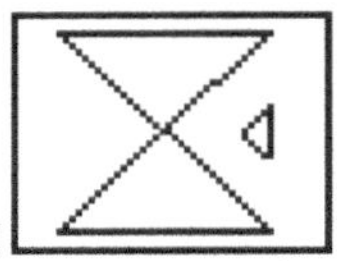

29.

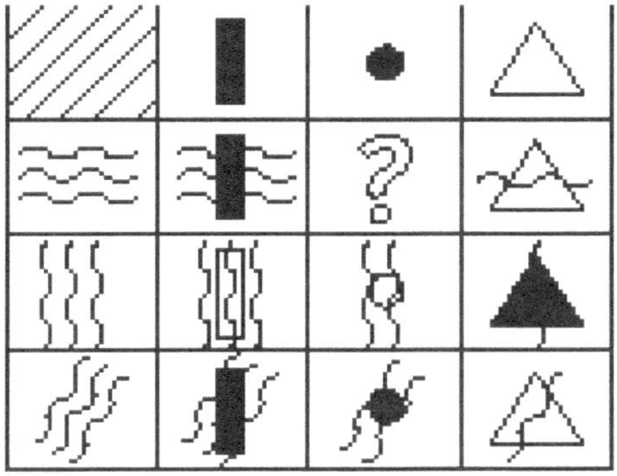

a 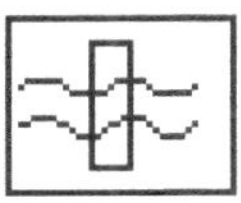 b 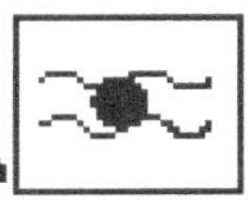 c 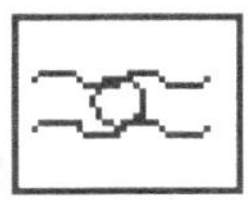 d 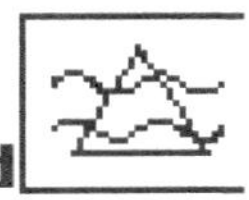

30.

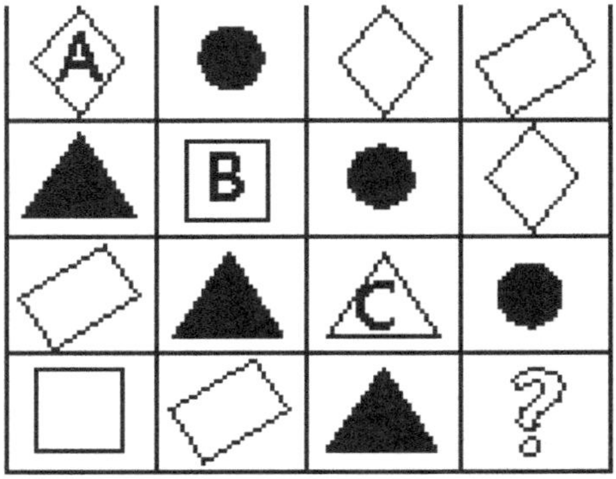

a 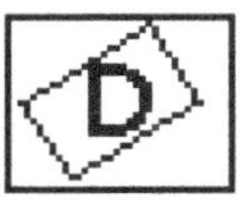

b 

c 

d 

31.

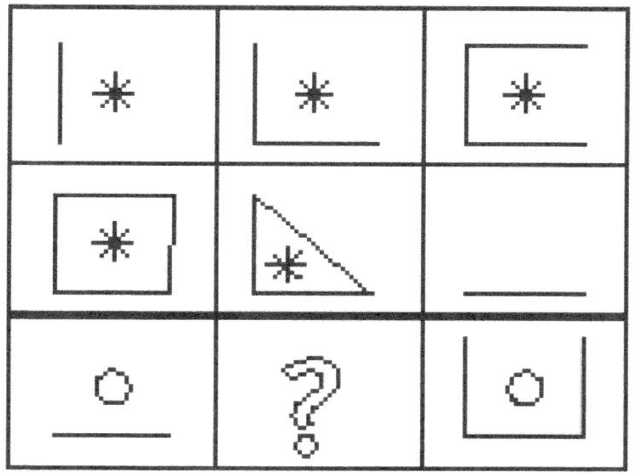

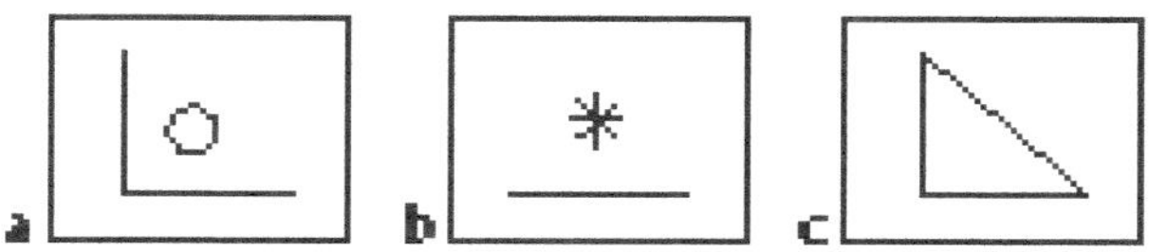

a b c

32.

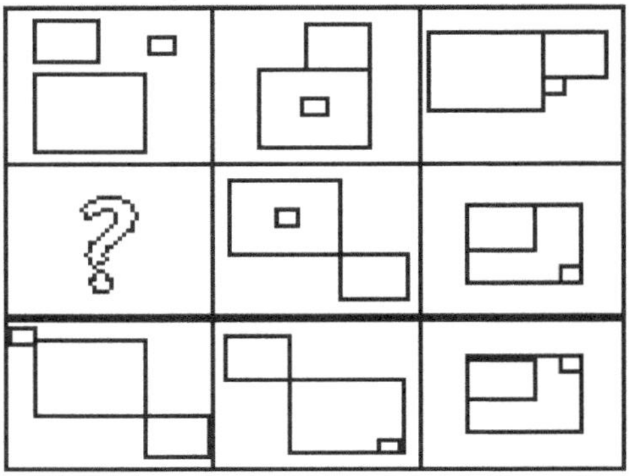

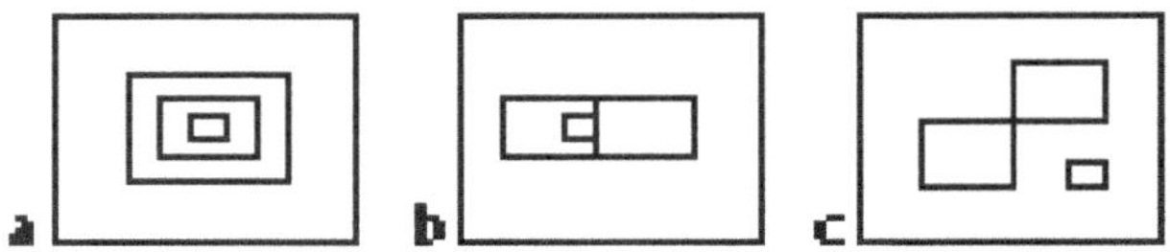

33.

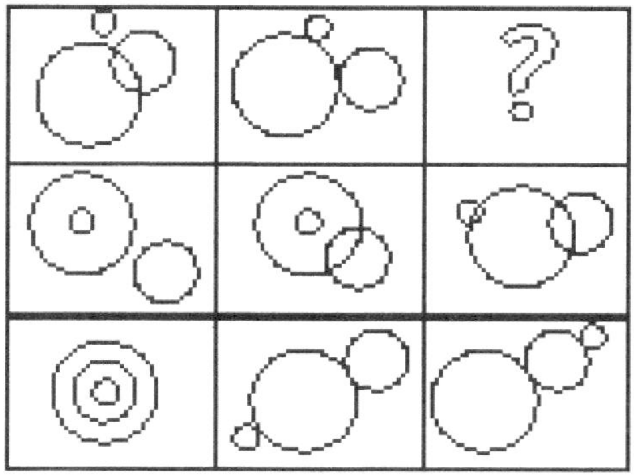

a 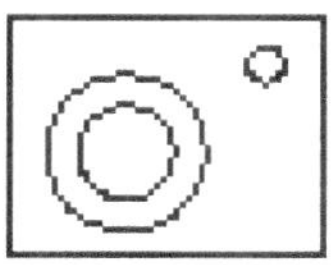 b 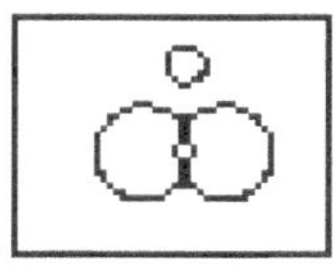 c 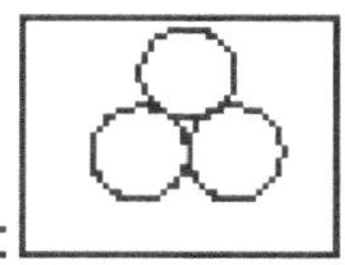

34.

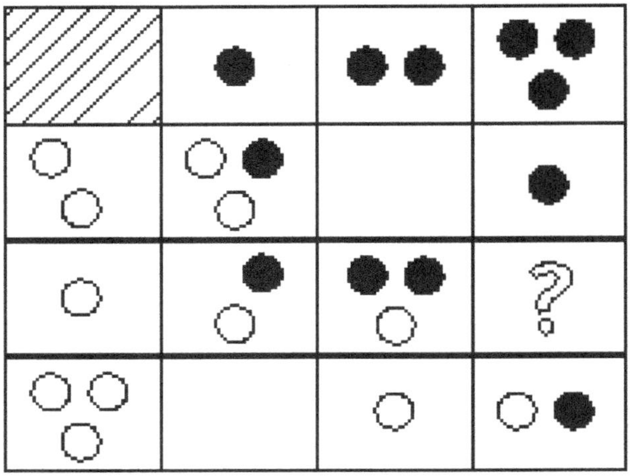

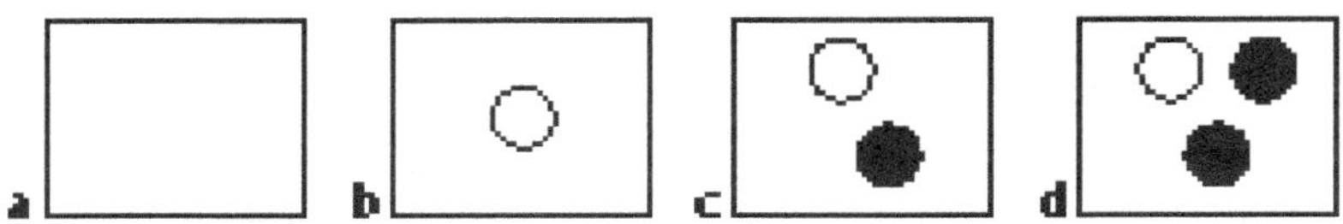

35.

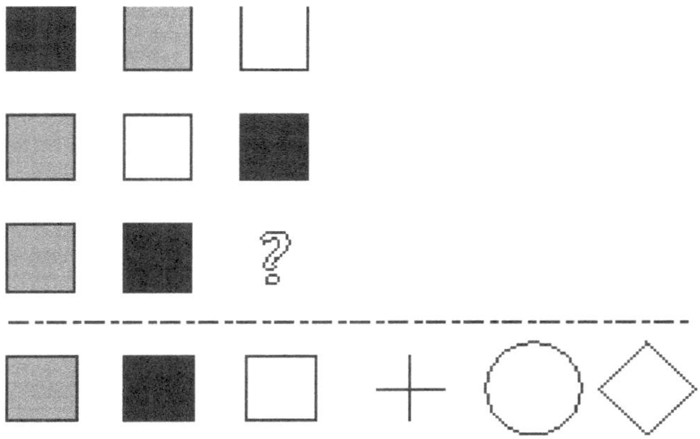

36.

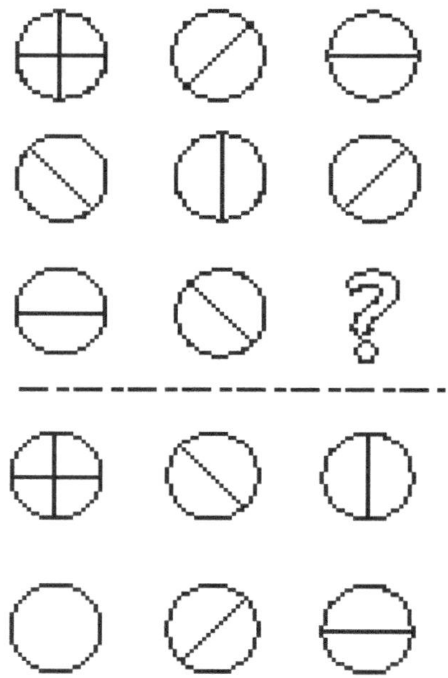

37.

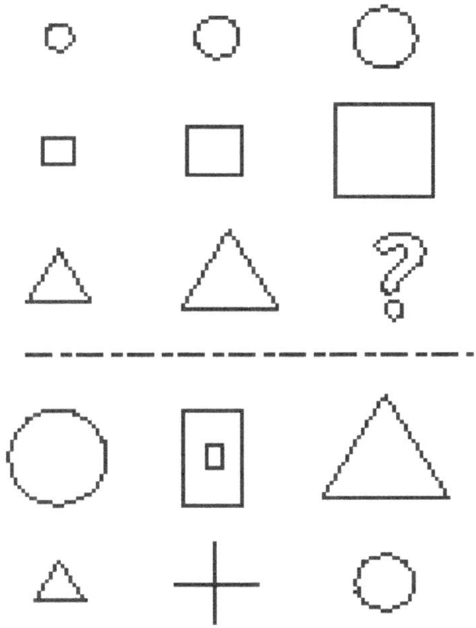

38.

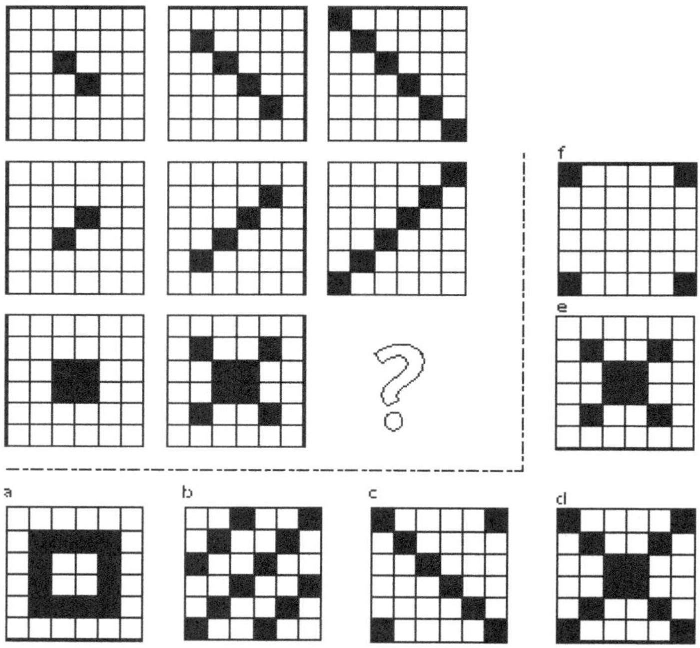

39.

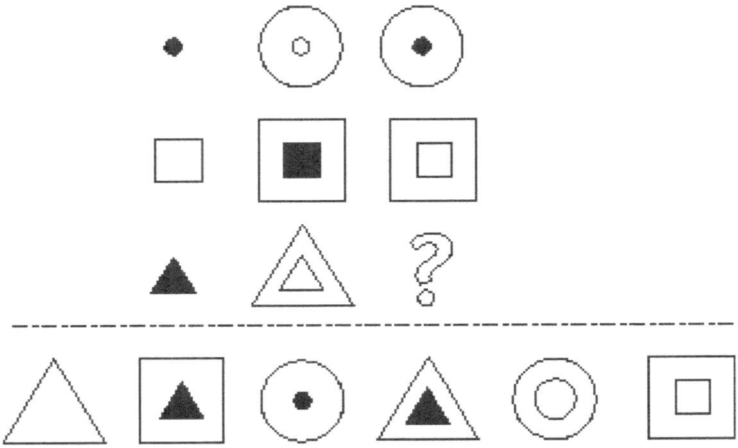

40.

6

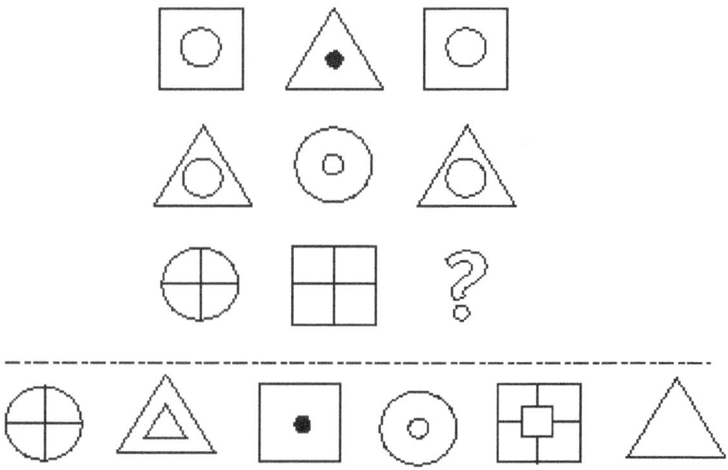

41.

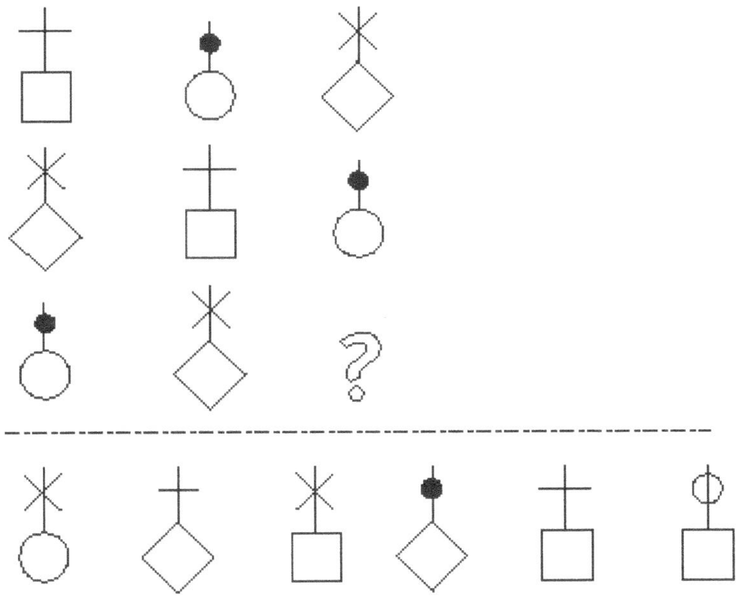

42.

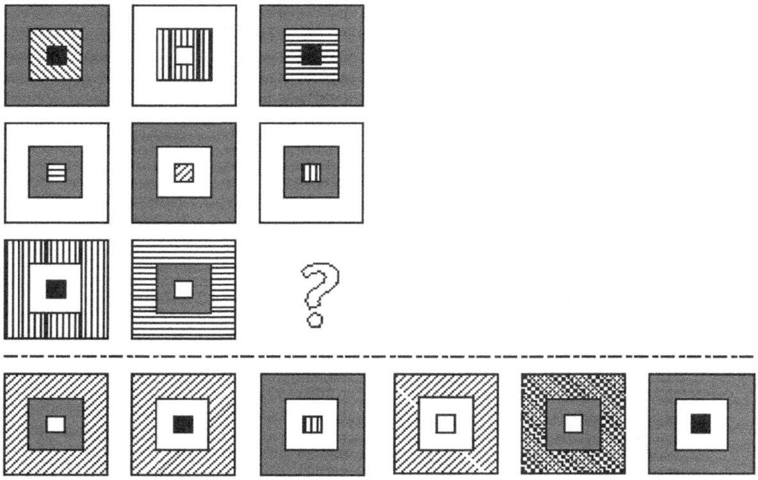

43.

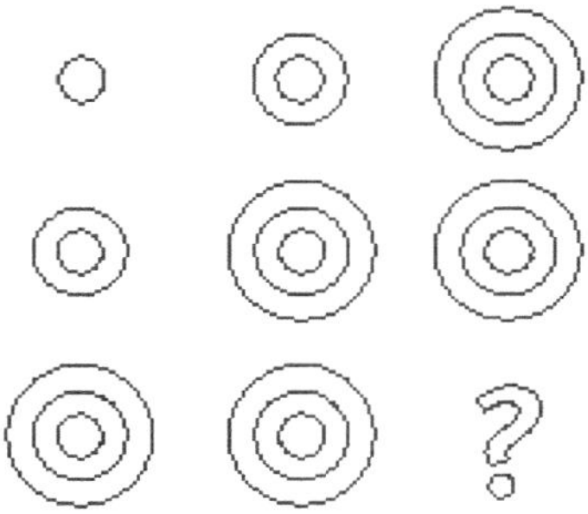

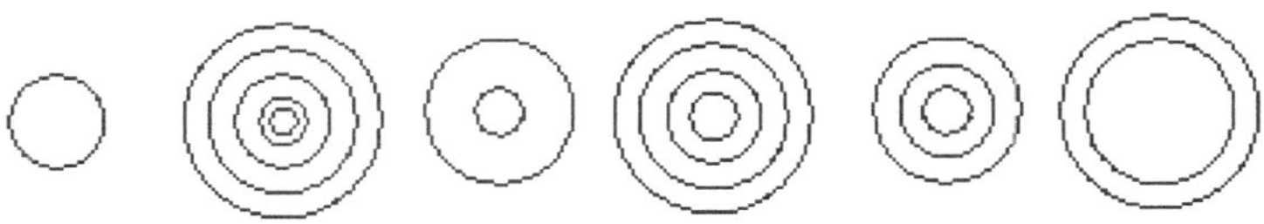

44.

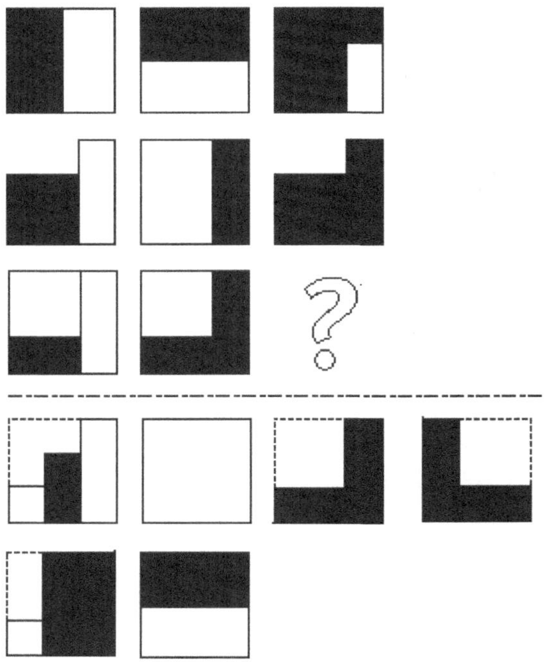

45.

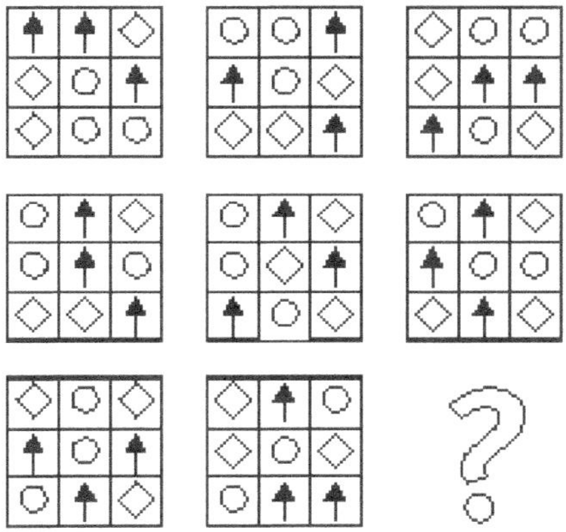

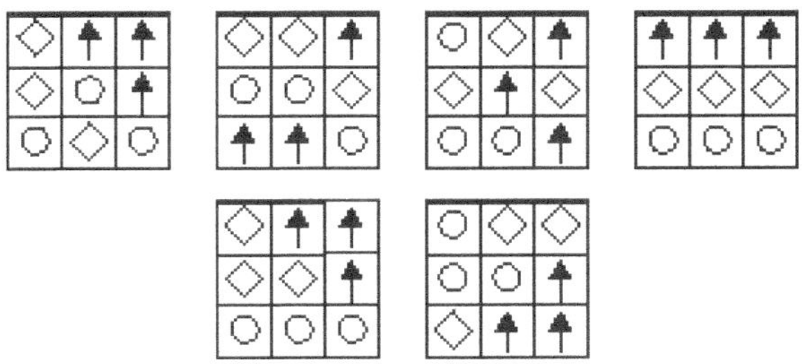

2. Corrigés

1. d)

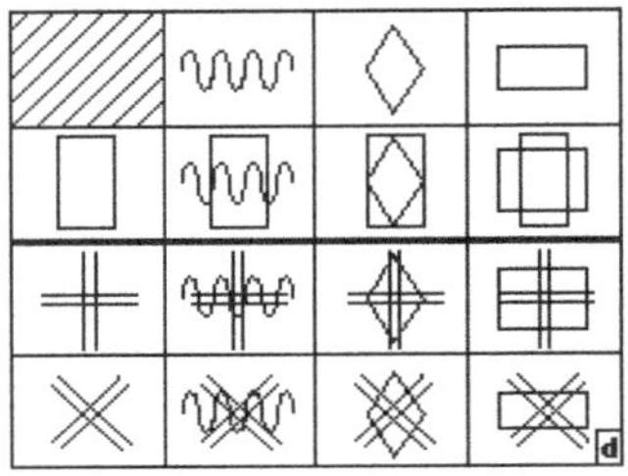

La première ligne (L1) et la première colonne (C1) servent de référence pour remplir les autres cases.
Chaque case est une combinaison des figures apparaissant dans la première case de la colonne et dans la première case de la ligne. Par exemple, la case L2C2 combine le dessin de la case L1C2 et celui de la case L2C1.
Donc la case manquante est une combinaison de la case L1C4 et de la case L4C1. La bonne réponse est donc d).

2. a)

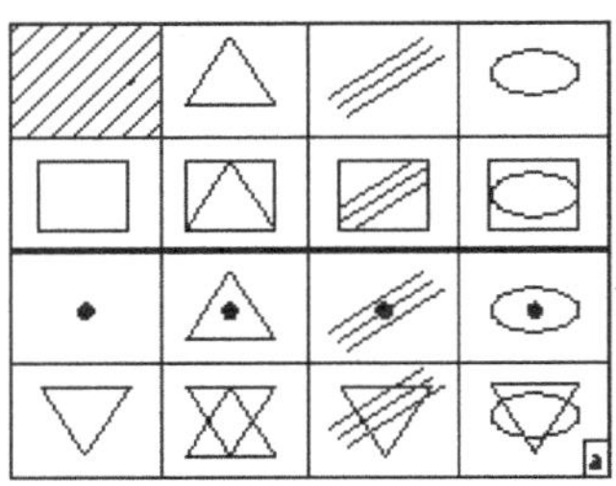

Le principe de cette matrice est le même que celui de la matrice précédente.
Donc la case manquante est la a).

3. b)

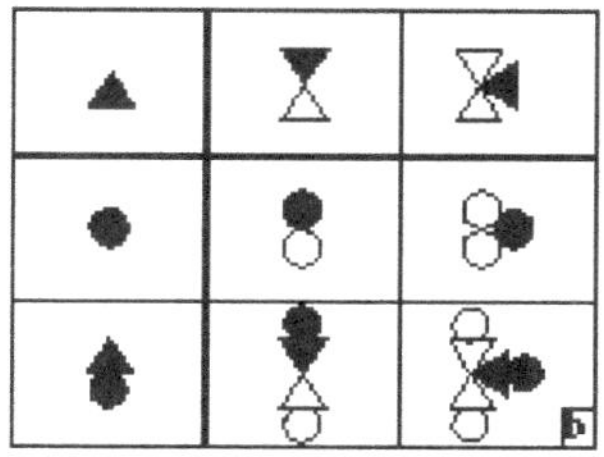

On observe une démultiplication de la figure se trouvant dans la case de gauche. D'abord vers le haut, puis sur la droite. La coloration se trouve toujours sur la dernière figure apparue. La réponse est b).

4. d)

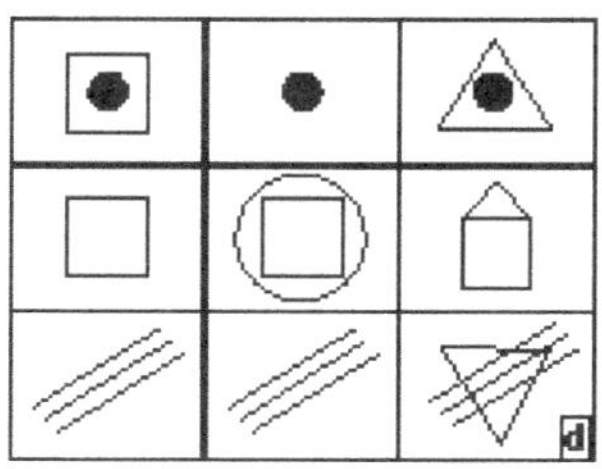

Dans chaque ligne, une figure est présente dans toutes les cases : le point noir dans la ligne 1, le carré dans la ligne 2. La seule solution permettant de se conformer à cette règle pour la ligne 3 est la d).

5. b)

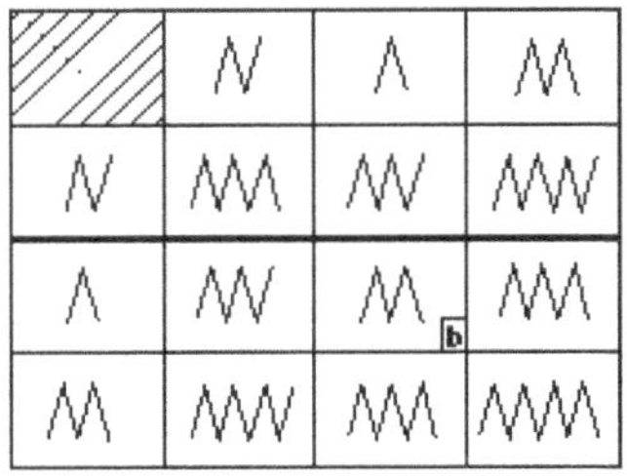

Pour chaque ligne, de gauche à droite, on ajoute trois barres en passant de la case 1 à la case 2, on en retire une en passant de la case 2 à la case 3, puis on en ajoute deux en passant de la case 3 à la case 4.
La réponse est b).

6. b)

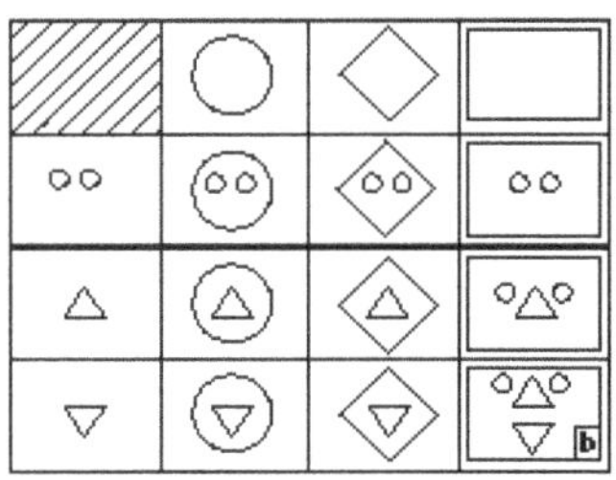

On intègre la colonne dans la ligne. Seule la dernière colonne intègre à la fois horizontalement et verticalement. La réponse est b).

7. b)

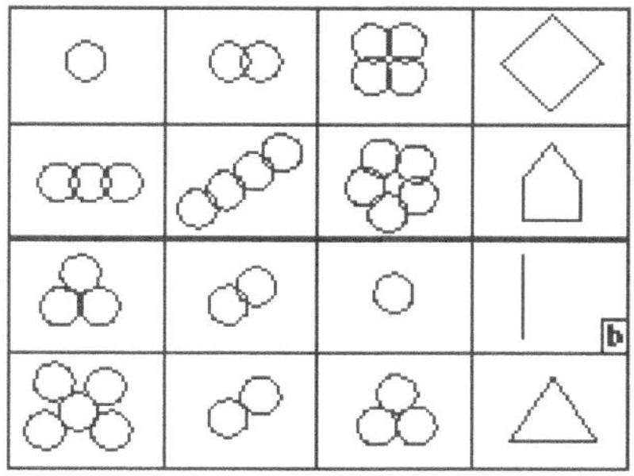

Pour chaque ligne, le nombre de cercles de la colonne 3 correspond au nombre de côtés de la figure de la colonne 4. La réponse est b).

8. c)

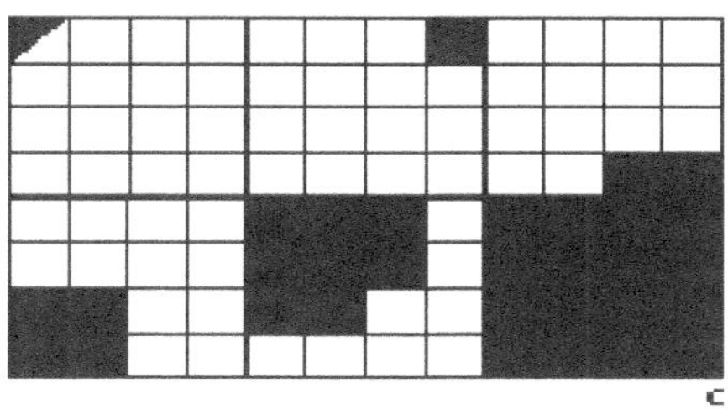

A chaque nouvelle image, la surface colorée est multipliée par deux. A la dernière image, c'est donc l'ensemble des 16 carreaux qui est coloré. La réponse est c).

9. a)

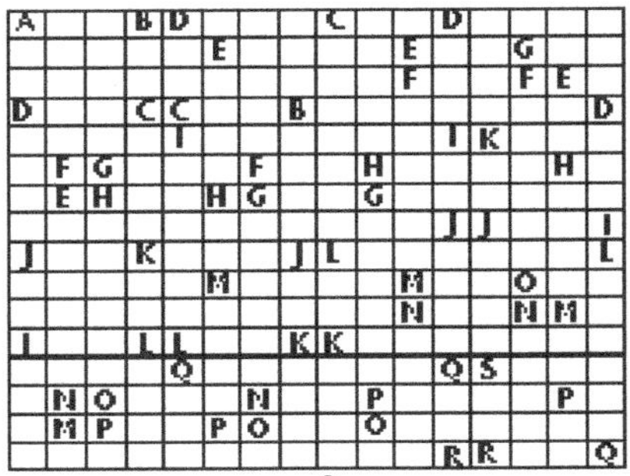

a

On travaille ligne par ligne. A chaque nouvelle case, les lettres tournent d'un quart de tour dans le sens des aiguilles d'une montre, et la première lettre (dans l'ordre alphabétique) disparaît. En même temps, une nouvelle lettre apparaît (qui suit dans l'ordre alphabétique celles déjà présentes) au centre de l'image si les lettres de la première case étaient à l'extérieur, à l'extérieur si elles étaient au centre. Les lettres qui apparaissent se déplacent elles aussi dans le sens des aiguilles d'une montre, d'un quart de tour à chaque nouvelle image.
La réponse est a).

10. a)

AJ BM CP	AK BN CQ	AL BO CR
DJ EM FP	DK EN FQ	DL EO FR
GJ HM IP	GK HN IQ	GL HO IR

On est ici dans le cas d'une multiplication de matrices carrées, ligne par colonne.
Pour trouver la case manquante, on multiplie la ligne 2 de la première matrice par la colonne 2 de la deuxième matrice. La réponse est a).

11. d)

3	10	13	M
1	0	1	A
2	3	5	E
11	11	22	V
0	1	1	A

On travaille ligne par ligne. La somme des deux premières colonnes donne la troisième. La valeur de la troisième colonne correspond à la position de la lettre de la quatrième colonne dans l'alphabet. La réponse est d).

12. a)

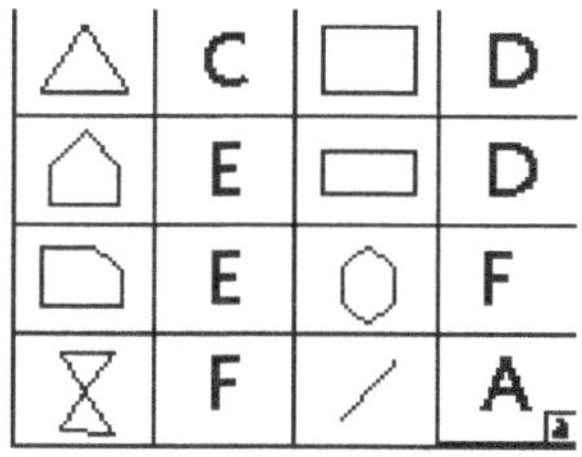

Chaque lettre a pour position dans l'alphabet le nombre de côtés de la figure située à sa gauche (triangle = 3 côtés = 3e rang dans l'alphabet = C). La réponse est a).

13. b)

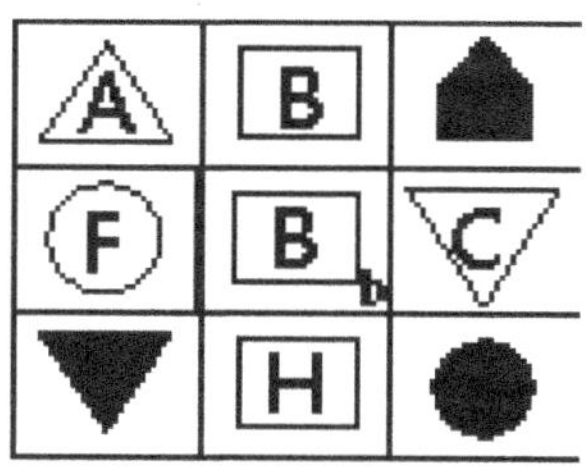

On fait ici la somme de deux matrices : la troisième matrice est la superposition des deux premières. De plus, la superposition d'une case pleine et d'une case vide donne une figure noire au lieu de blanche. La réponse est b).

14. b) et g)

33 b	11	22	V
6	5	1	A
24	2	22	V
11	10	1	A g

On travaille ligne par ligne. La différence des deux premières cases donne la troisième. Le chiffre ainsi obtenu correspond à la position dans l'alphabet de la lettre apparaissant dans la dernière case. Ainsi, la case en haut à gauche porte le nombre 33 : réponse b) ; et la case en bas à droite porte la lettre A : réponse g).

15. d)

7	G	6	F
15	O	2	B
12	L	14	N
21	U	9	I d

Chaque lettre a pour position dans l'alphabet le nombre situé à sa gauche (G = 7, O = 15...). La réponse est d).

16. a)

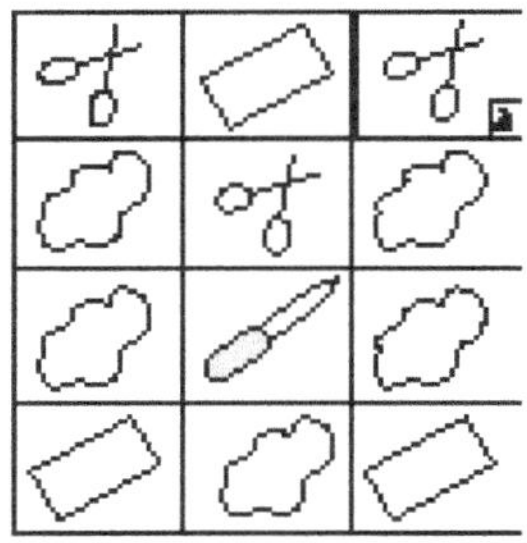

On travaille en ligne. Le ciseau coupe le papier, la pierre écrase le ciseau, la pierre écrase le couteau, le papier emballe la pierre. La réponse est a).

17. d)

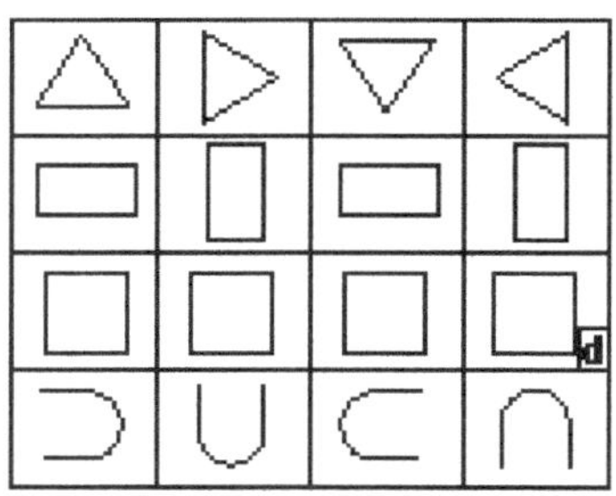

On travaille en ligne. Les pièces tournent de 90° à chaque nouvelle case. La réponse est d).

18. a)

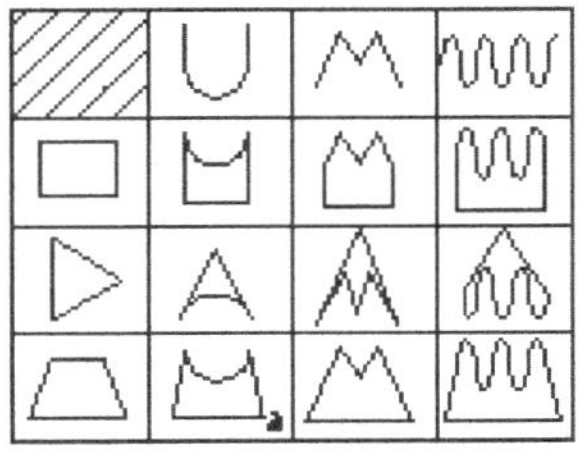

La première ligne et la première colonne servent de référence pour remplir les autres cases. Chaque case a pour base la première case de la ligne, dont la figure est déformée par celle située dans la première case de la colonne. La réponse est a).

19. b)

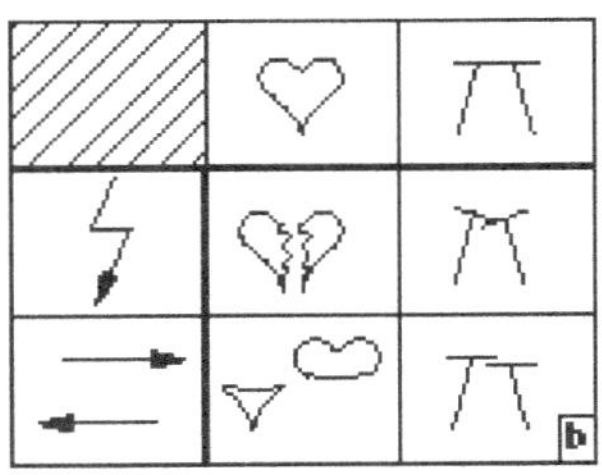

On travaille en ligne. L'éclair brise la figure. La double flèche la sépare en deux. La réponse est b).

20. a)

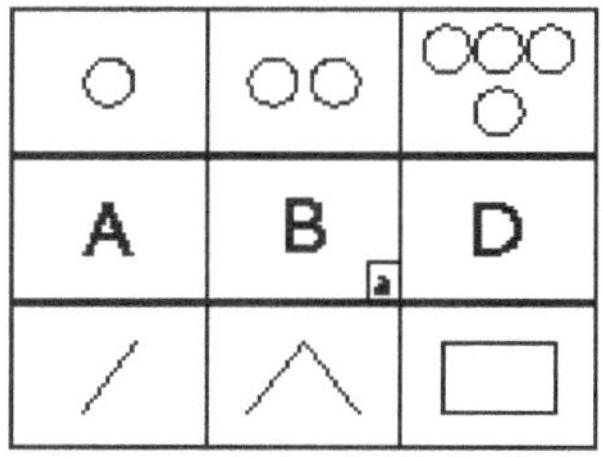

On travaille en colonne. Le nombre de cercles de la première ligne correspond à la position dans l'alphabet de la lettre de la deuxième ligne, ainsi qu'au nombre de côtés de la figure de la troisième ligne. La réponse est a).

21. a)

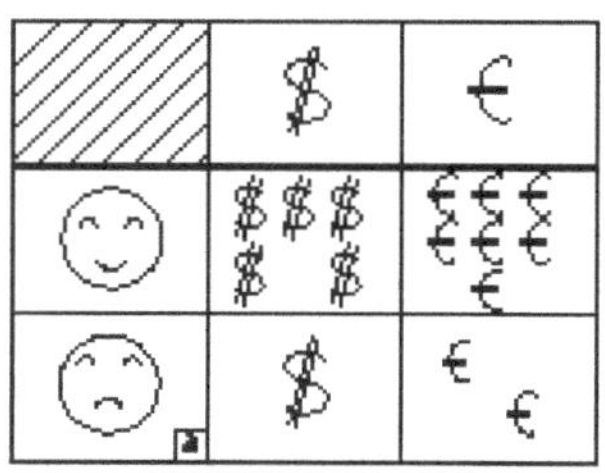

On travaille en ligne. Si le nombre d'euros et de dollars est important, le visage sourit. S'il est faible, le visage fait la grimace. La réponse est a).

22. b)

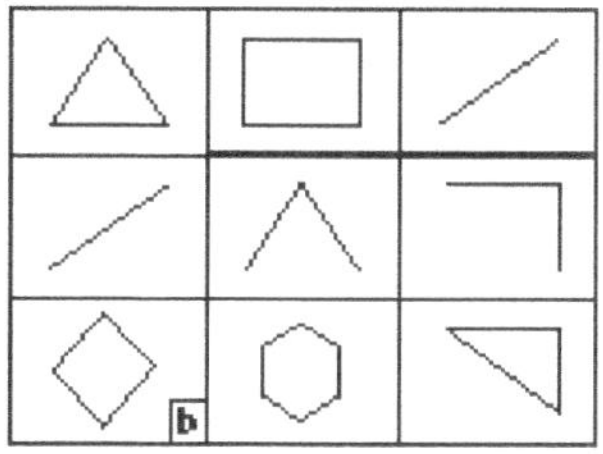

On travaille en colonne.
La somme des côtés des figures des lignes 1 et 2 donne le nombre de cotés de la figure de la ligne 3. La réponse est b).

23. a)

a	e	i
o	u	y
au	ey	io

On travaille en colonne. Chaque case de la dernière ligne est obtenue en lisant en diagonale les deux premières lignes. La réponse est a).

24. a) et g)

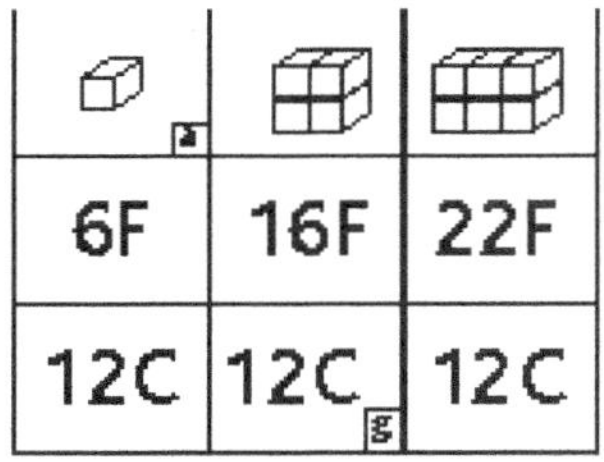

On travaille en colonne. La deuxième ligne correspond au nombre de carrés sur les faces du parallélépipède dessiné en première ligne. La dernière ligne correspond au nombre de côtés du parallélépipède. Il faut donc mettre la réponse a) en haut à gauche et la réponse g) en bas au milieu.

25. c)

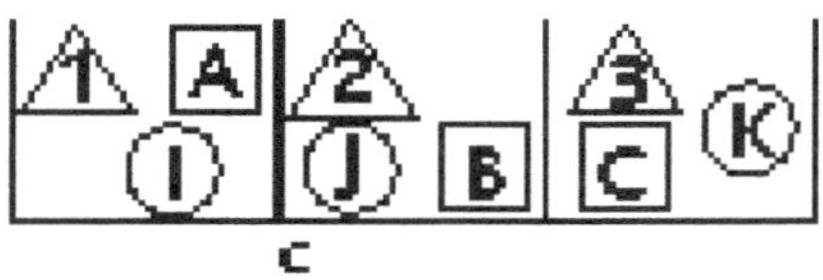

On effectue le produit des deux matrices : on multiplie la ligne de la matrice 1 par la colonne 2 de la matrice 2. La réponse est c).

26. a)

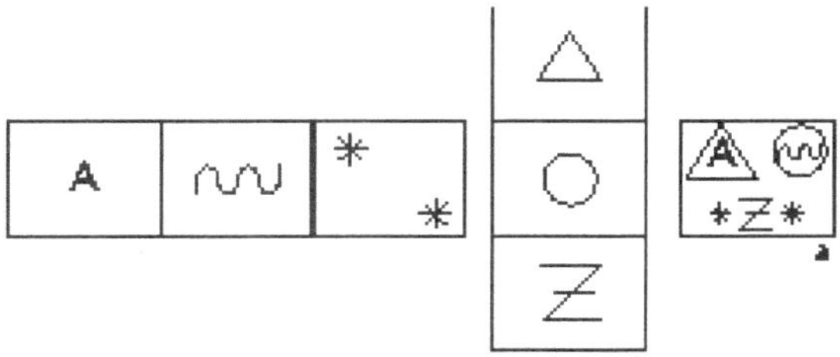

On effectue le produit de deux matrices : on multiplie la ligne de la matrice 1 par la colonne de la matrice 2. La réponse est a).

27. c)

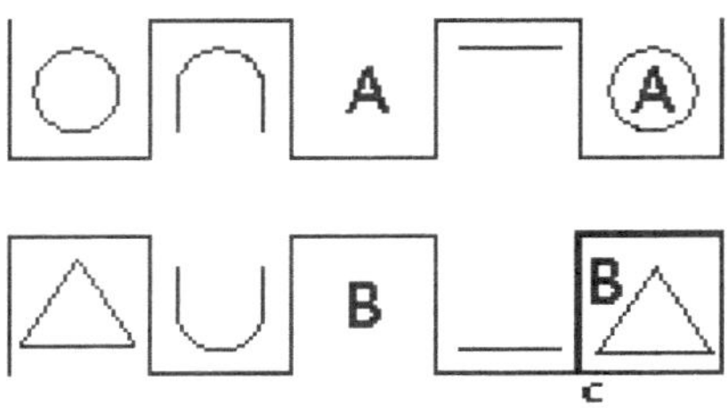

La première ligne est une intersection (U). la lettre se trouve donc dans la figure. La deuxième ligne est une réunion (∩), la lettre doit se trouver à côté de la figure. La réponse est c).

28. a)

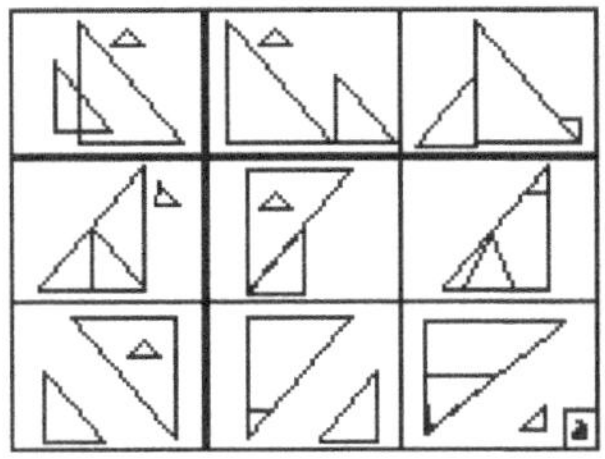

Il n'y a jamais deux triangles de même taille dans la même case. La réponse est a).

29. b)

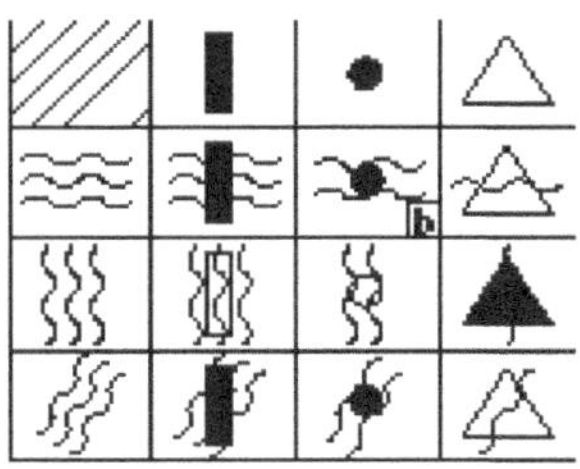

La première ligne et la première colonne servent de référence pour remplir les autres cases. Dans chaque colonne, on retrouve la figure présente dans la première case de cette colonne (avec inversion de couleur à la ligne 3). Dans chaque ligne, on retrouve les vagues présentes dans la première case de cette ligne, dont le nombre diminue quand on se déplace vers la droite. A l'intersection de la ligne 2 avec la colonne 3, on doit donc avoir un disque noir barré de deux vagues horizontales. La réponse est b).

30. a)

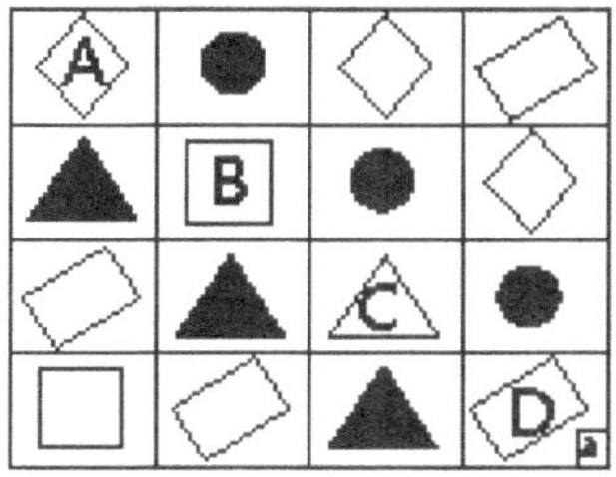

Dans la diagonale qui part du coin supérieur gauche, les lettres apparaissent dans l'ordre alphabétique. Dans la dernière case, en bas à gauche, la lettre D doit être présente. La réponse est a).

31. a)

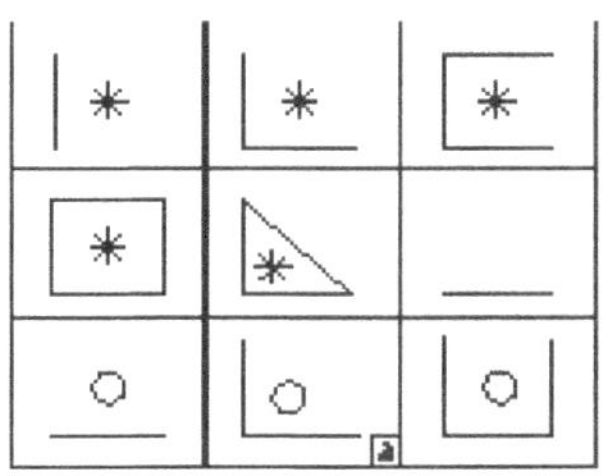

Le trait se déploie progressivement pour enfermer le flocon, puis le faire disparaître. Idem pour le rond. La réponse est a).

32. a)

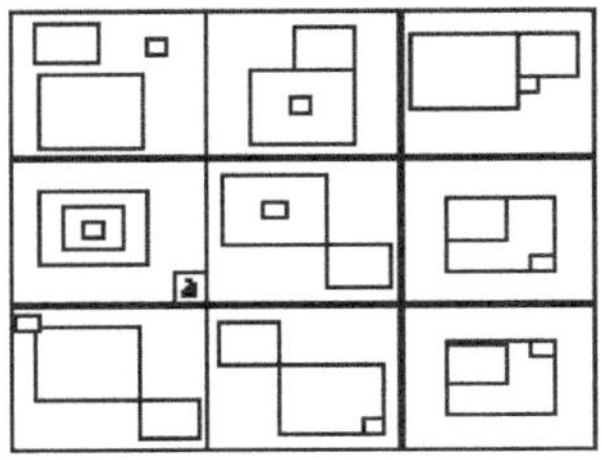

Il n'y a jamais deux carrés de même taille dans la même case. La réponse est a).

33. a)

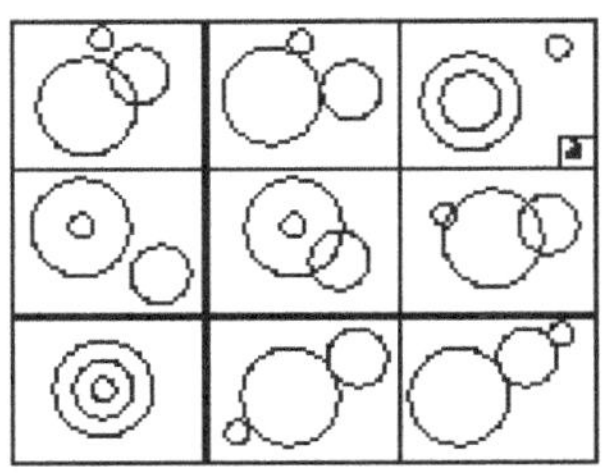

Il n'y a jamais deux cercles de même taille dans la même case. La réponse est a).

34. a)

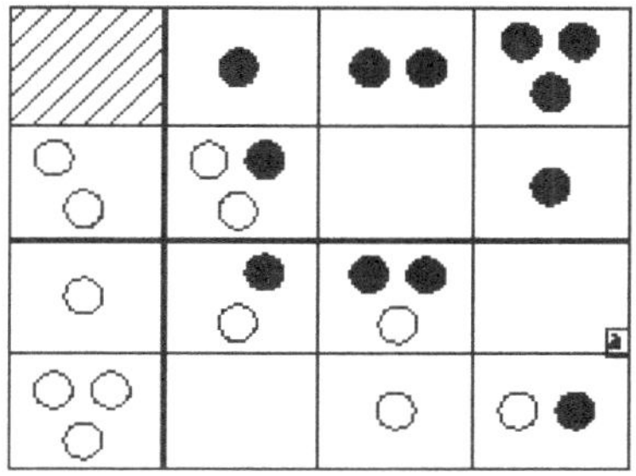

La première ligne et la première colonne servent de référence pour remplir les autres cases.
Dans chaque case, on reporte les cercles apparaissant dans la première case de la colonne et dans la première case de la ligne. Le maximum est de 3 cercles par case : quand le nombre de cercles atteint 4, le total est ramené à 0 (case vide) ; quand il atteint 5, le total est ramené à 1... La réponse est a).

35.

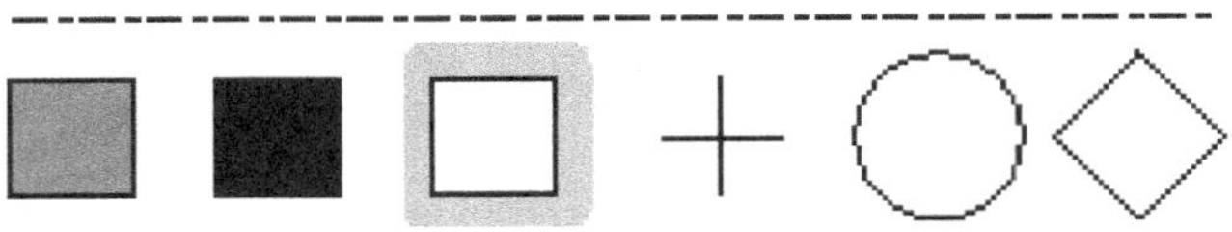

36.

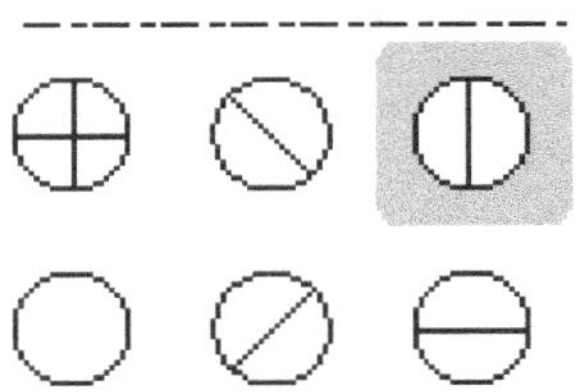

37.

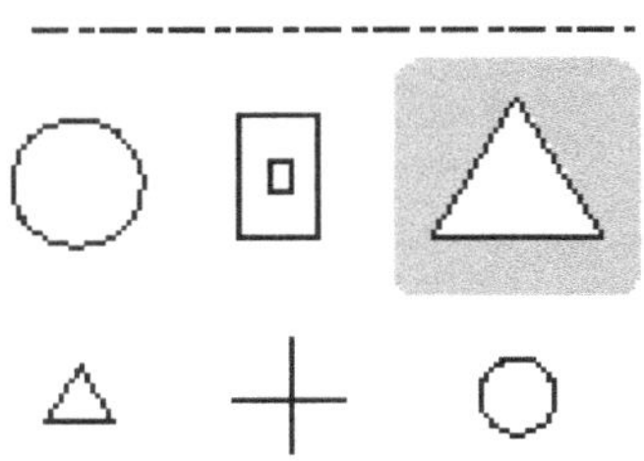

38.

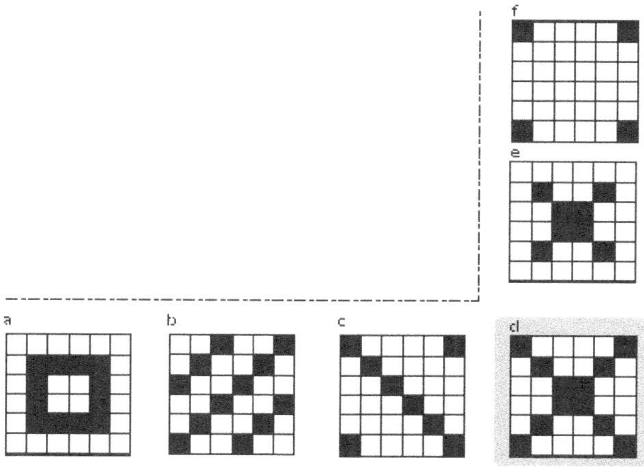

39.

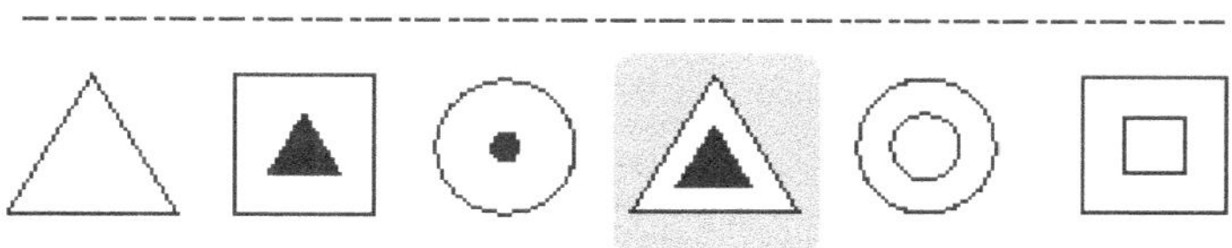

40.

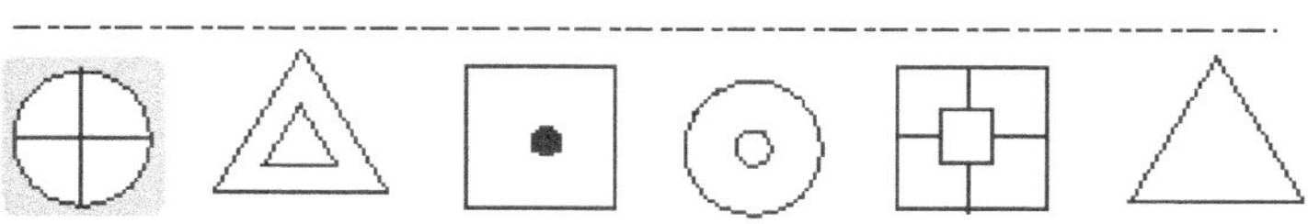

41.

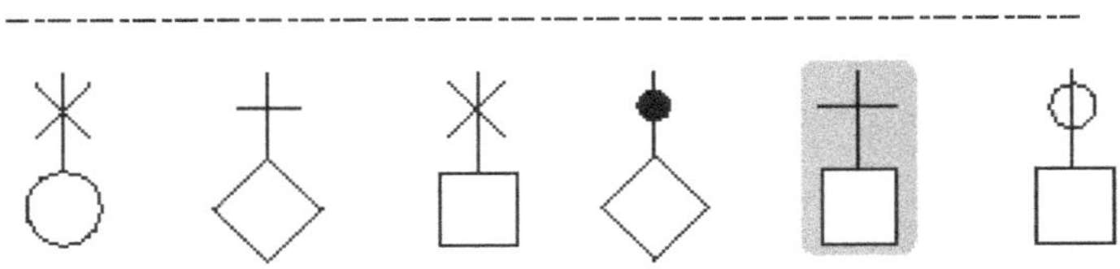

42.

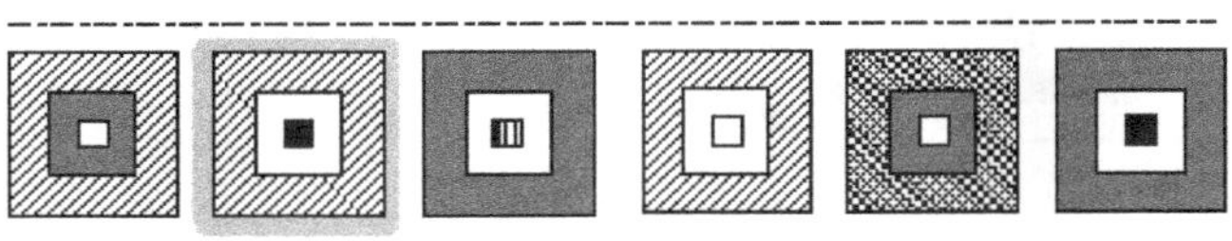

43.

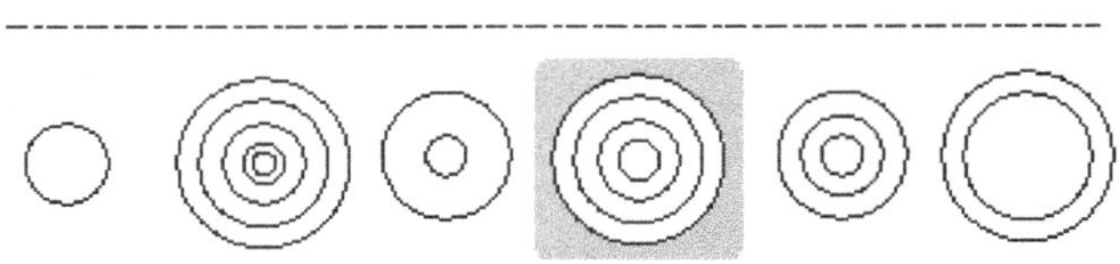

44.

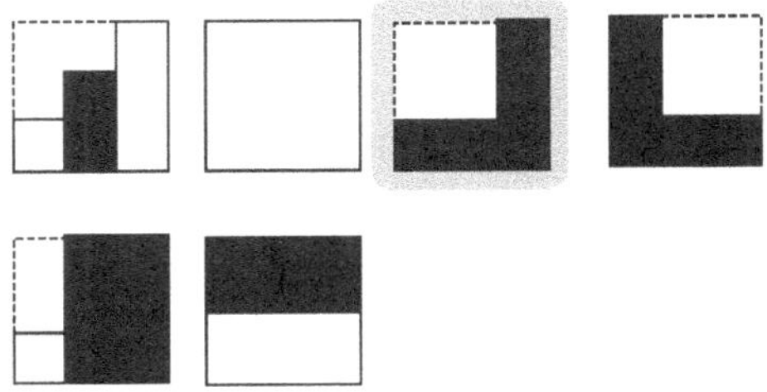

45.

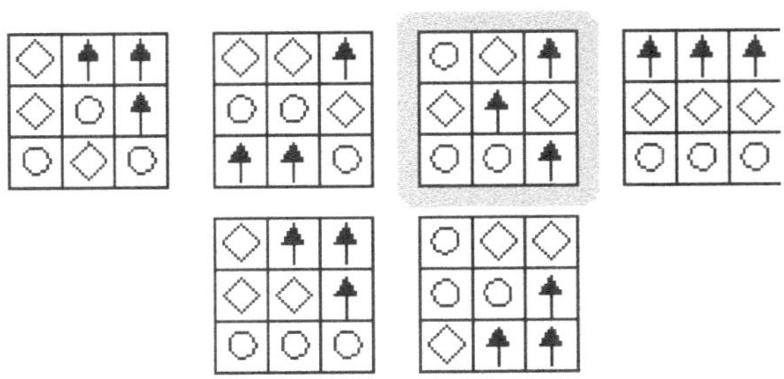

PARTIE V

DOMINOS

1. Enoncés

1.

2.

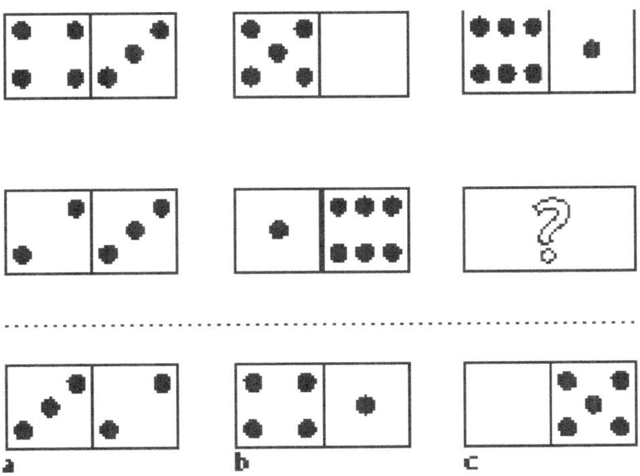

3.

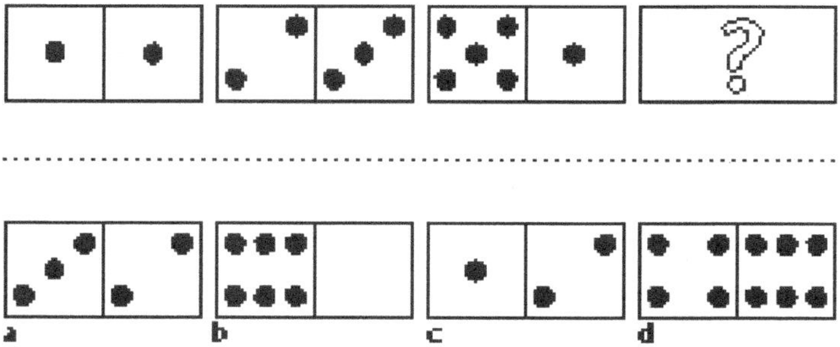

4.

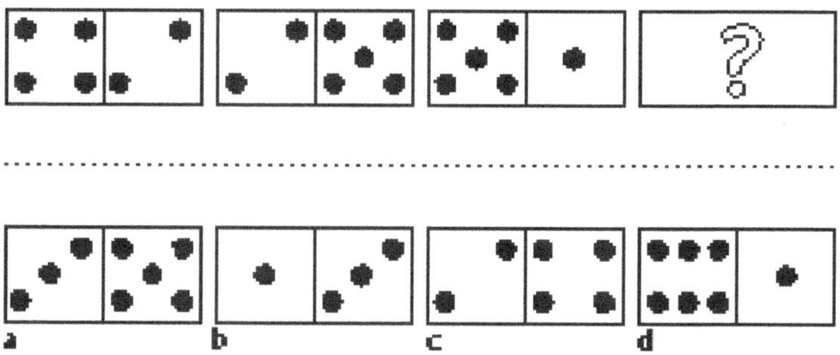

5.

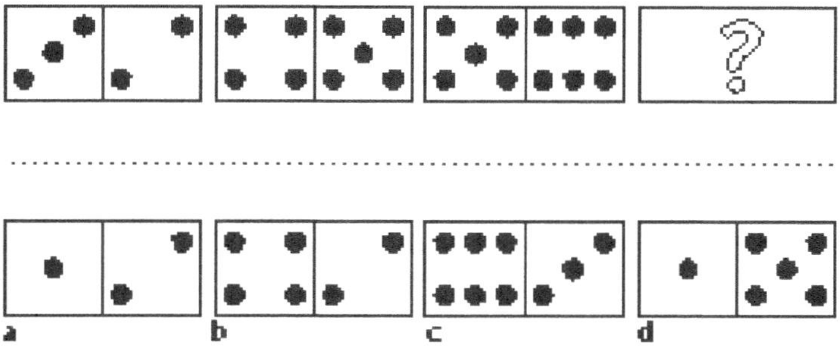

6.

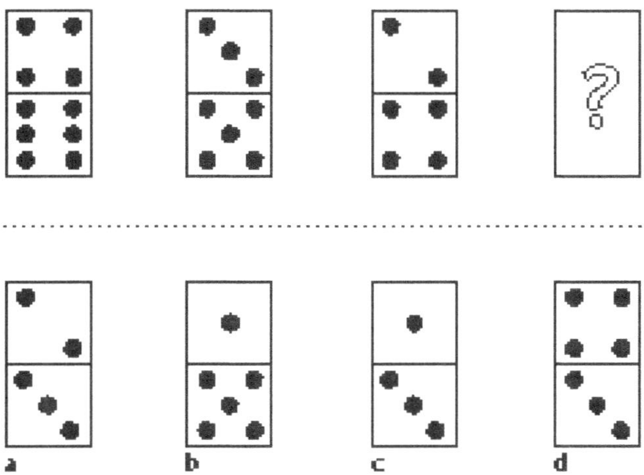

7.

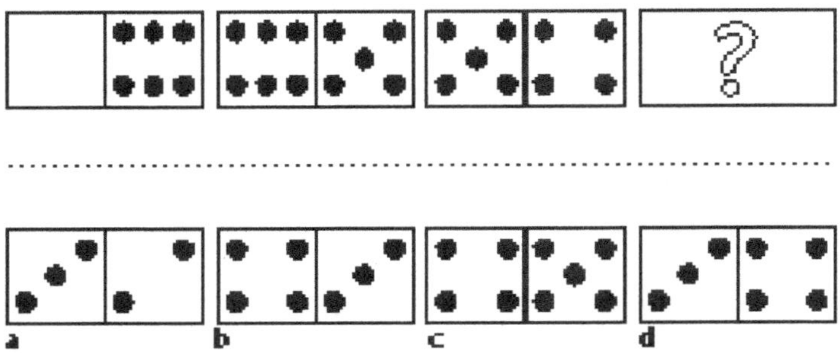

8.

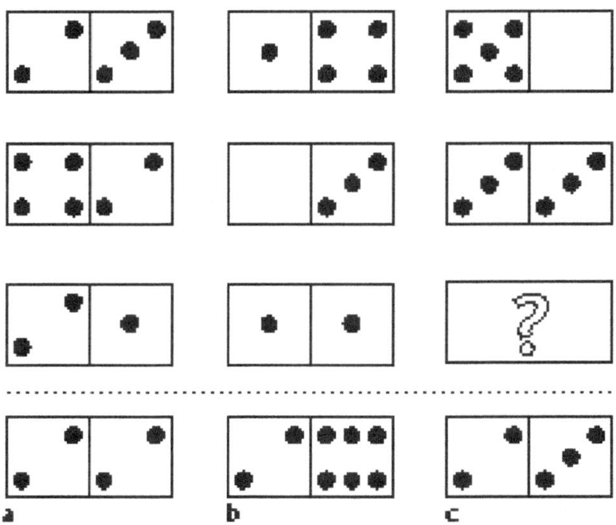

9.

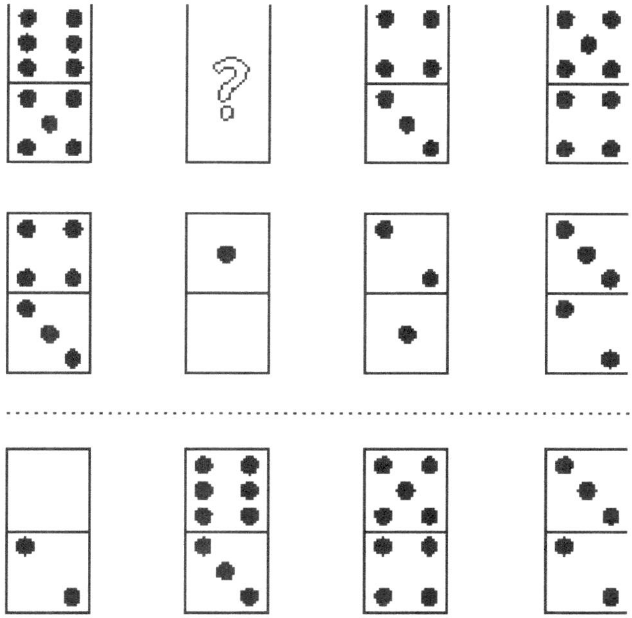

a b c d

10.

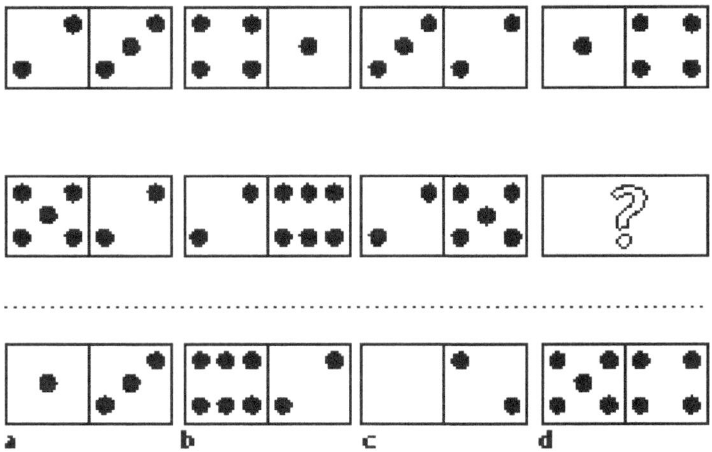

11.

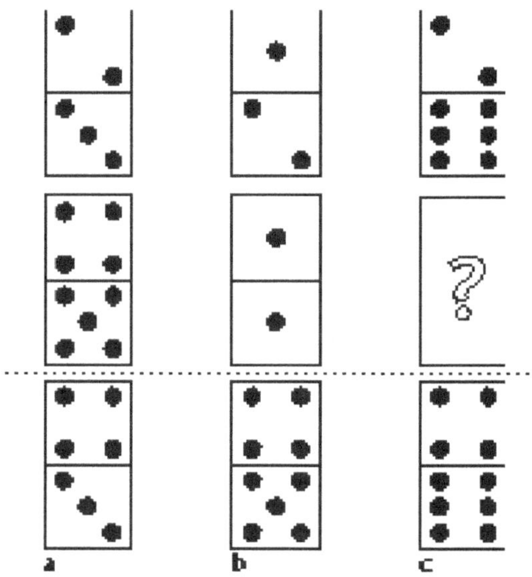

12.

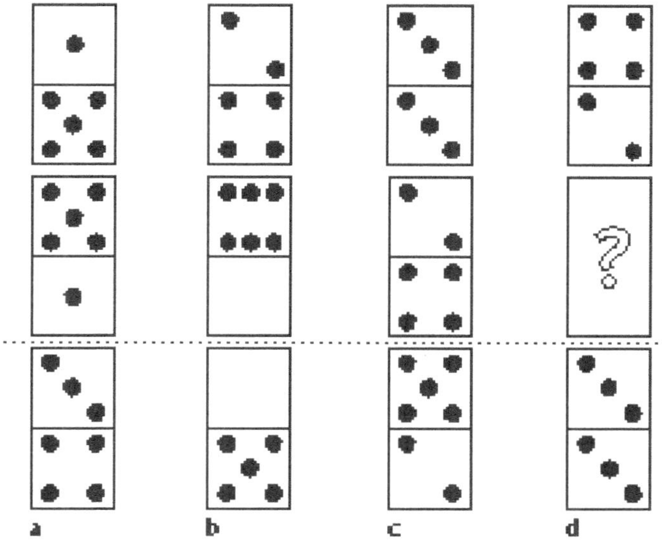

13.

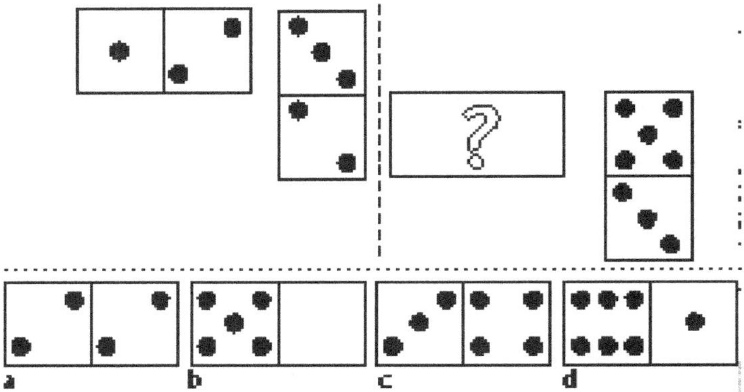

14.

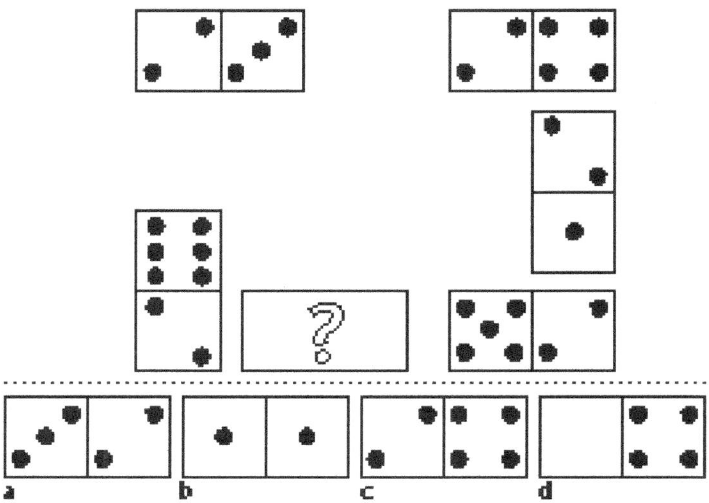

15.

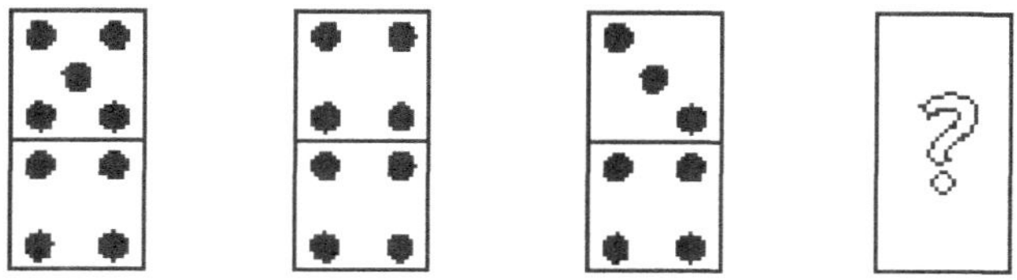

16.

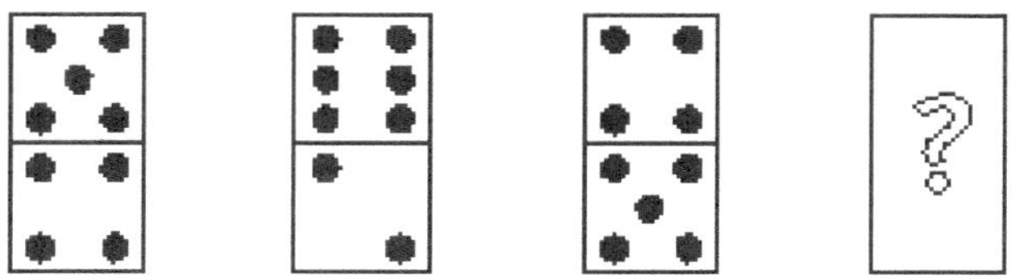

17.

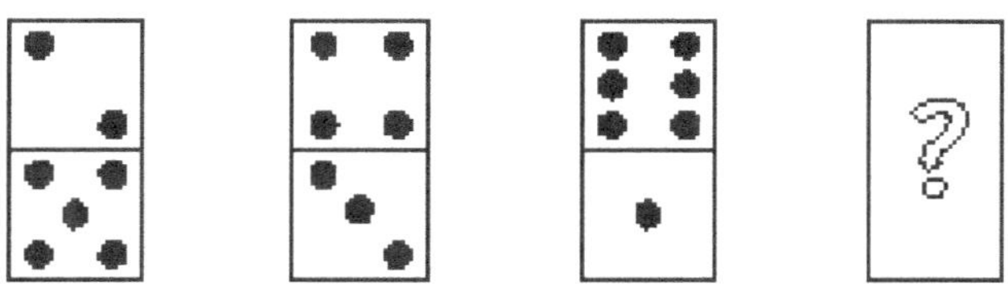

18.

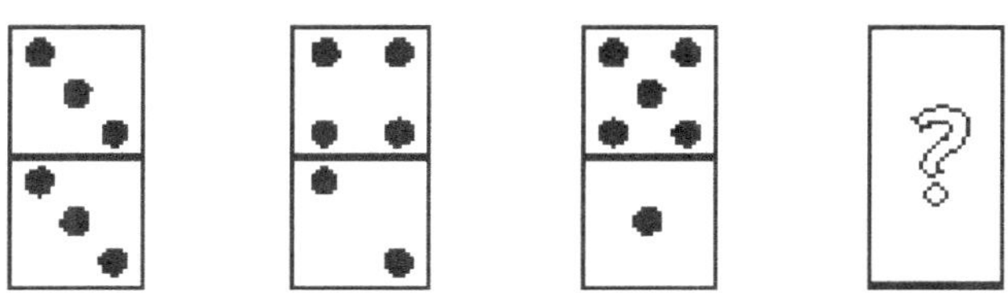

19.

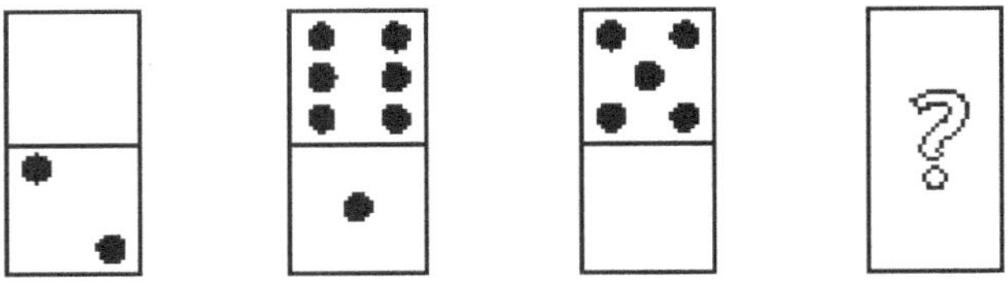

20.

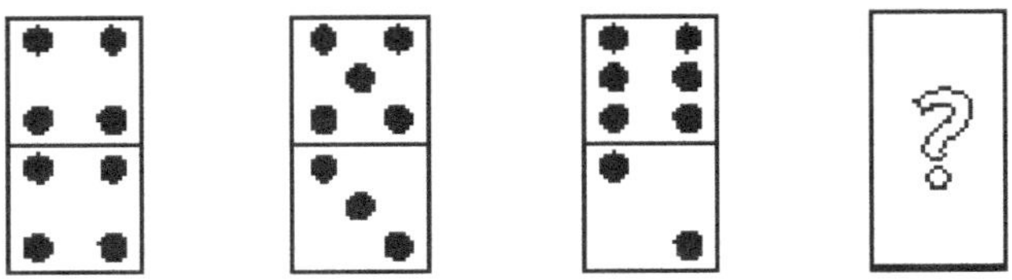

21.

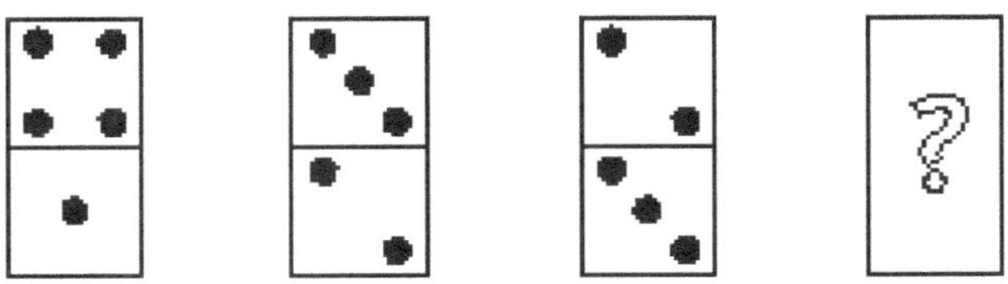

22.

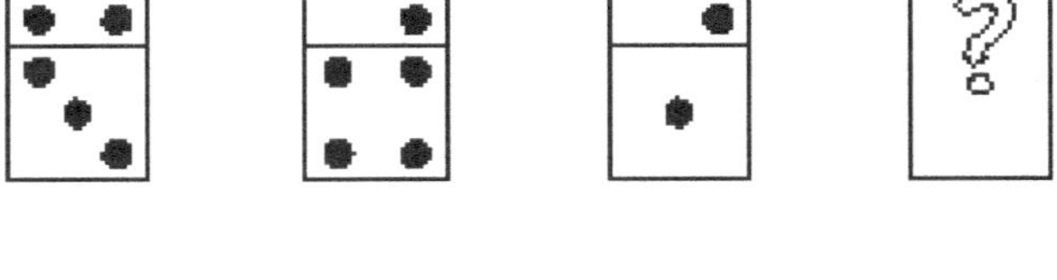

23.

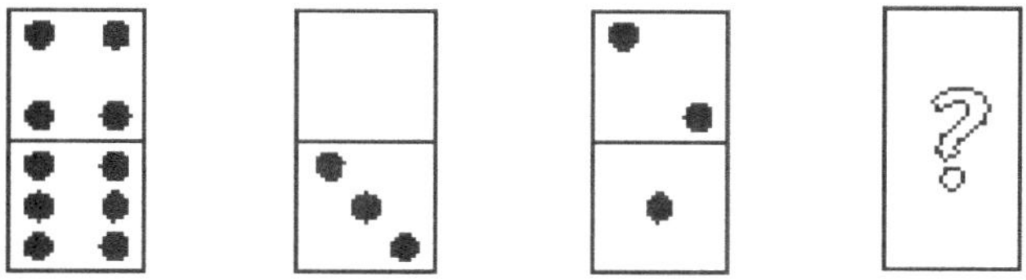

24.

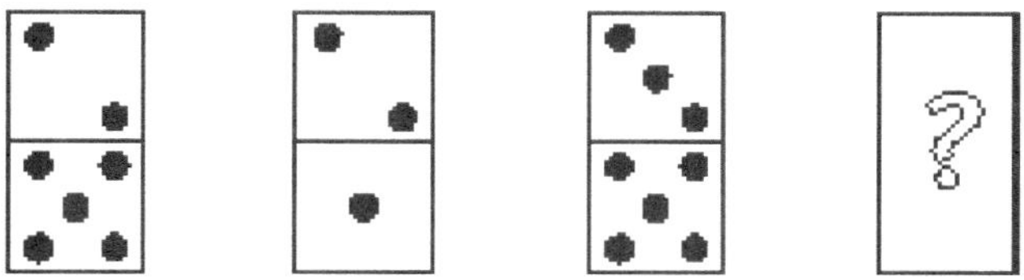

25.

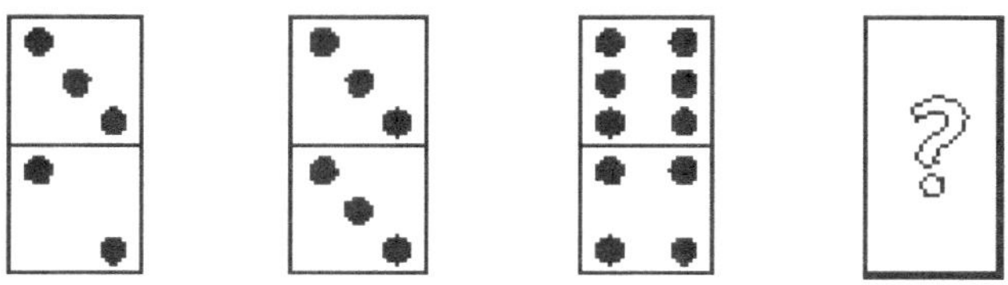

26.

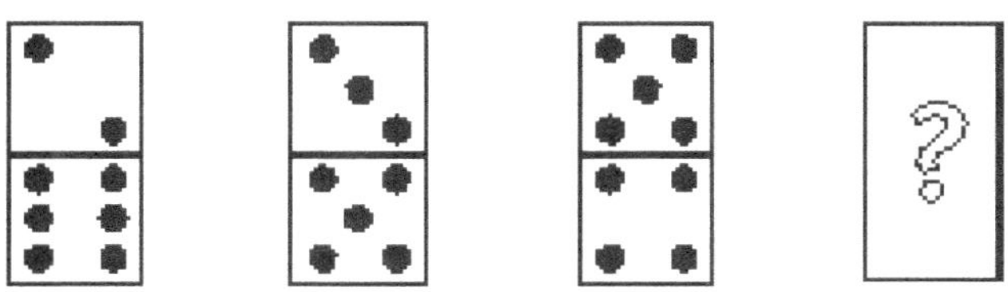

27.

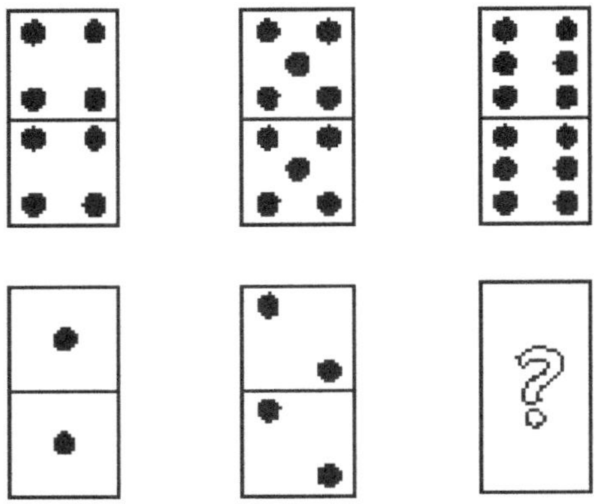

28.

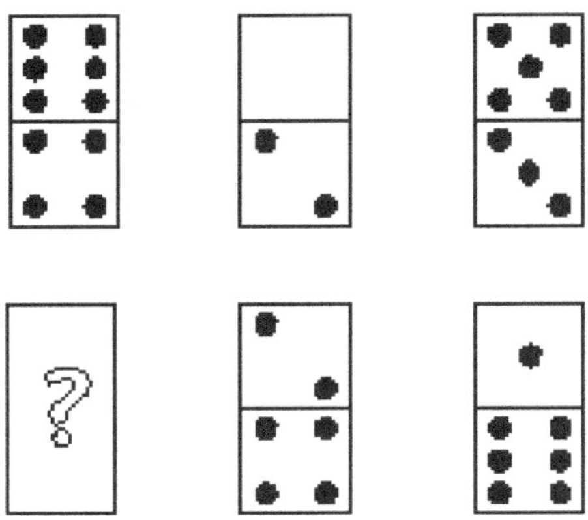

29.

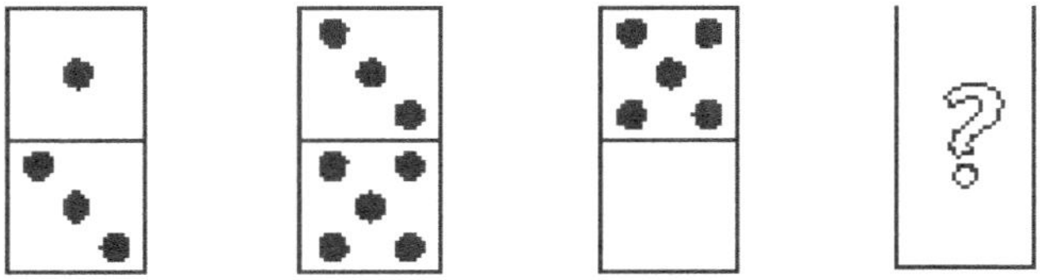

30.

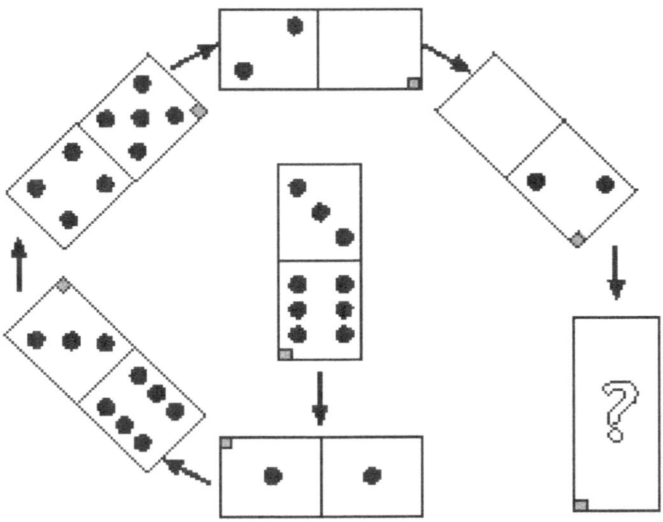

2. Corrigés

1. b)

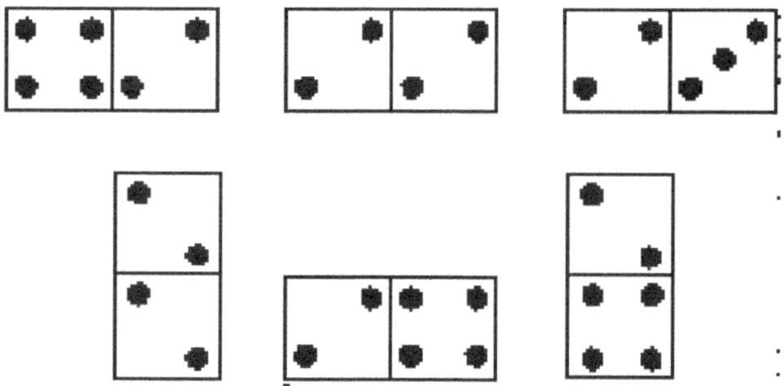

b

Les demi-dominos voisins portent le même nombre de points. La réponse est b).

2. c)

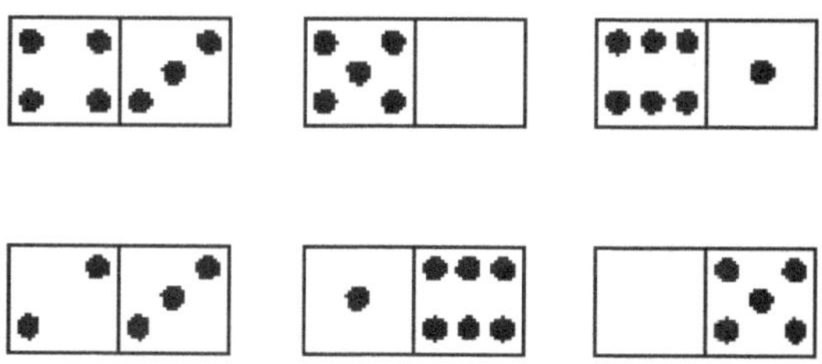

c

En lecture verticale, la somme des points apparaissant sur les moitiés de domino vaut toujours 6 (4 + 2 ; 3 + 3 ; 5 + 1 ; 0 + 6). La réponse est c).

3. b)

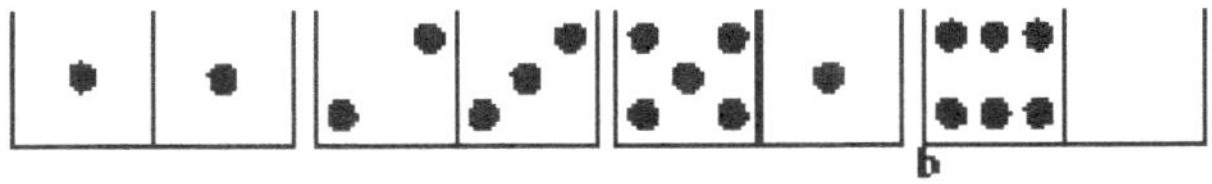

Chaque demi-domino porte un nombre de points égal à la somme des points portés par les deux demi-dominos qui le précèdent (1 + 1 = 2 ; 1 + 2 = 3 ; 2 + 3 = 5...).
La réponse est donc b).

4. b)

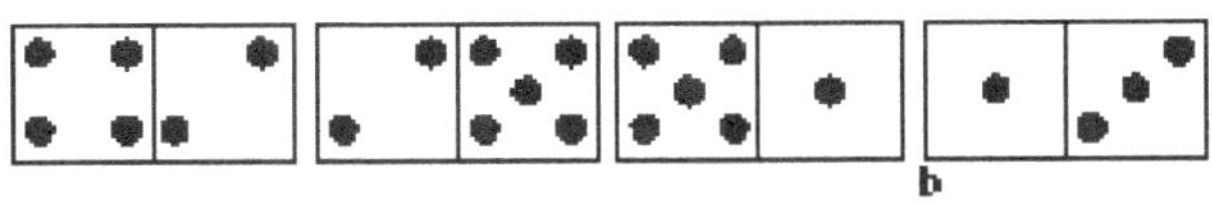

Les demi-dominos voisins portent le même nombre de points. La réponse est b).

5. a)

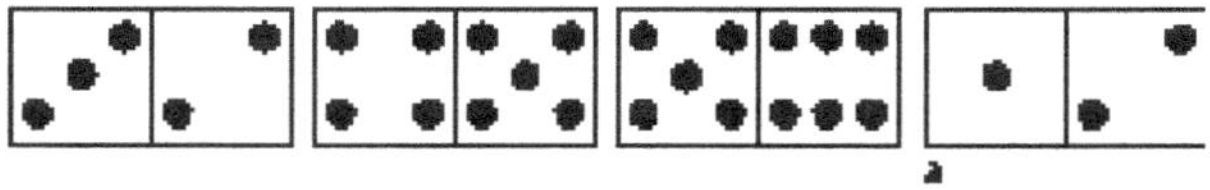

Sur chaque domino, il y a un point de plus sur une moitié que sur l'autre. La réponse est a).

6. c)

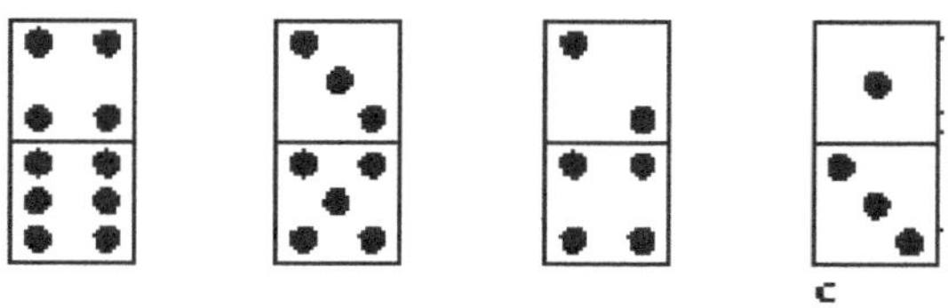

On passe d'un domino à l'autre, de gauche à droite, en enlevant un point sur chaque moitié de domino. La réponse est c).

7. b)

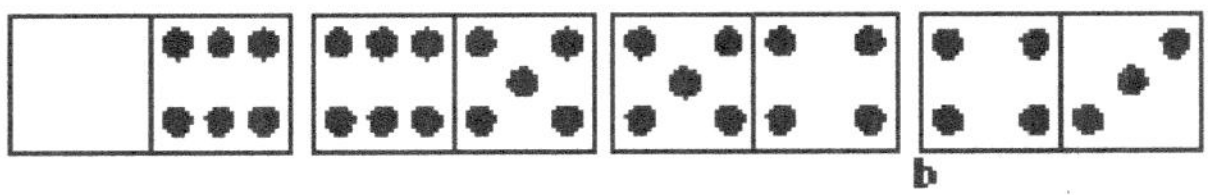

La moitié de gauche de chaque domino porte le même nombre de points que la partie de droite du domino qui le précède. La moitié de droite de chaque domino porte un point de moins que sa moitié gauche. La réponse est b).

8. c)

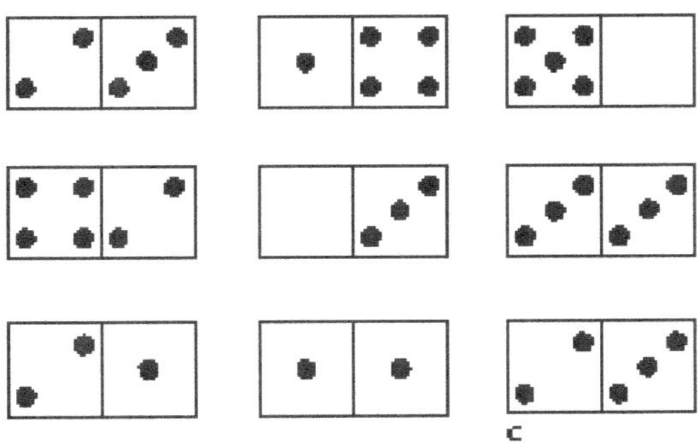

En lecture verticale, le troisième demi-domino porte un nombre de points égal à la différence des points portés par les deux demi-dominos qui le précèdent (4 – 2 = 2 ; 3 – 2 = 1 ; 1 – 0 = 1...). La réponse est c).

9. d)

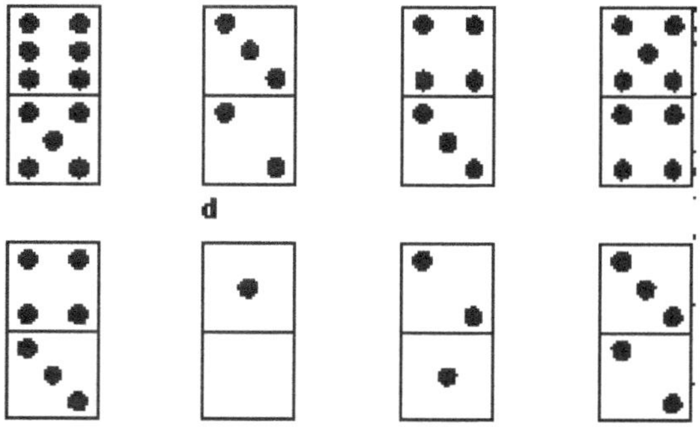

Lecture verticale. On diminue de 1 à chaque fois. La réponse est d).

10. b)

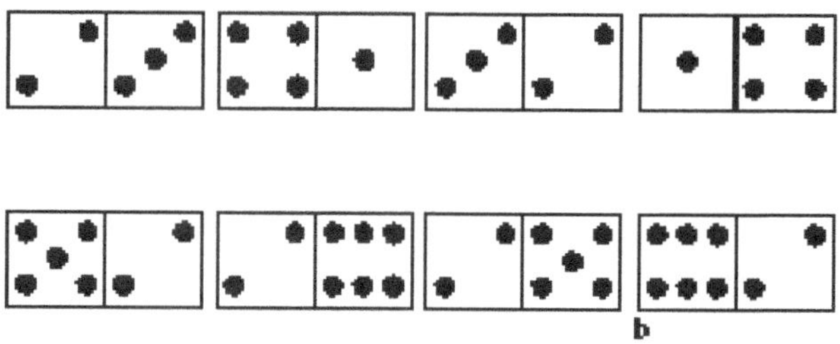

Chaque domino présent dans la série à un symétrique. La réponse est b).

11. b)

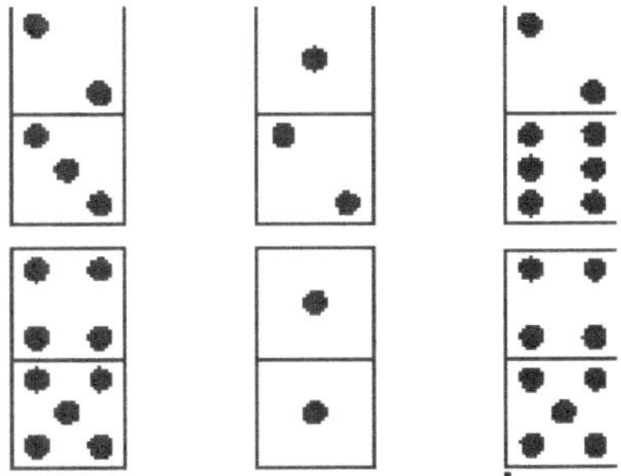

b

En lecture horizontale, le produit des deux premiers demi-dominos donne le troisième. La réponse est b).

12. d)

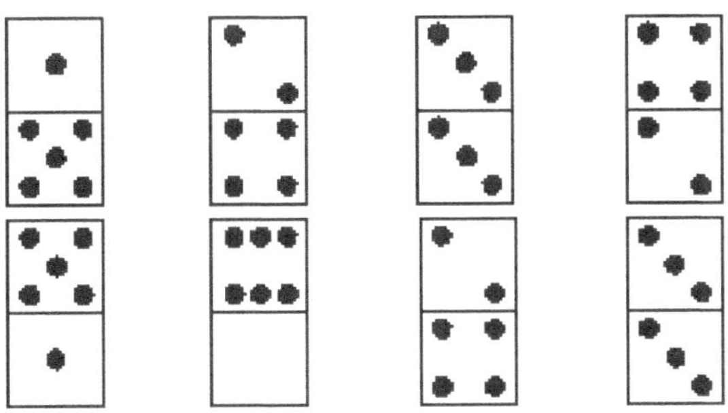

d

La somme des nombres portés par chaque domino vaut 6. La réponse est d).

13. b) ou c)

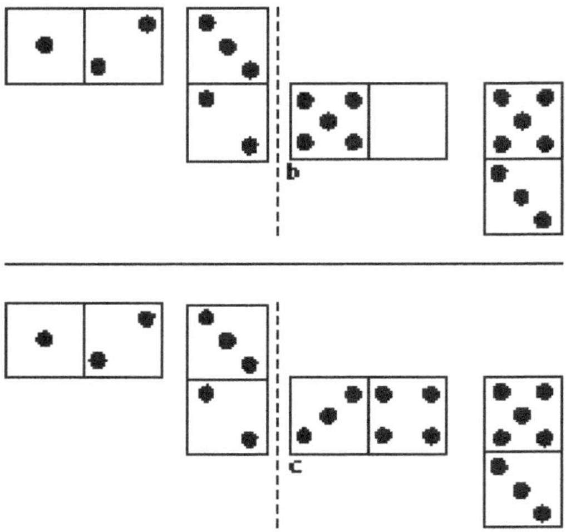

La somme des nombres portés par un domino donne le nombre de points du demi-domino qui se trouve en face. La réponse est b).
On peut aussi suivre une autre logique : les trois demi-dominos qui se trouvent sur la même ligne portent des nombres qui se suivent. Dans cette logique, la réponse est c).

14. a)

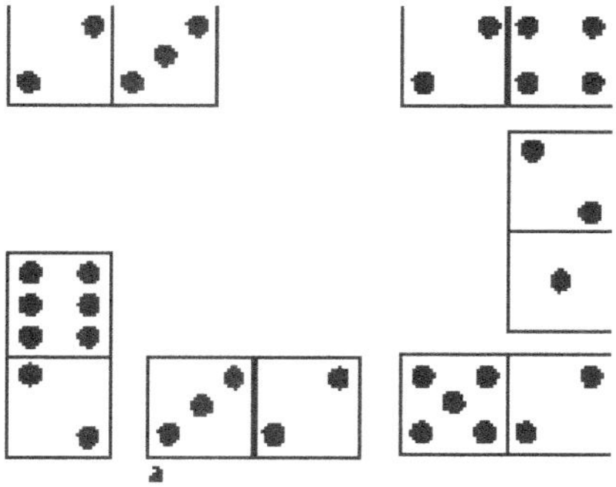

Chacun des dominos comporte le nombre deux. Il y a toujours un demi-domino ne portant pas le nombre deux intercalé entre deux demi-dominos portant le nombre deux. La réponse est a).

15.

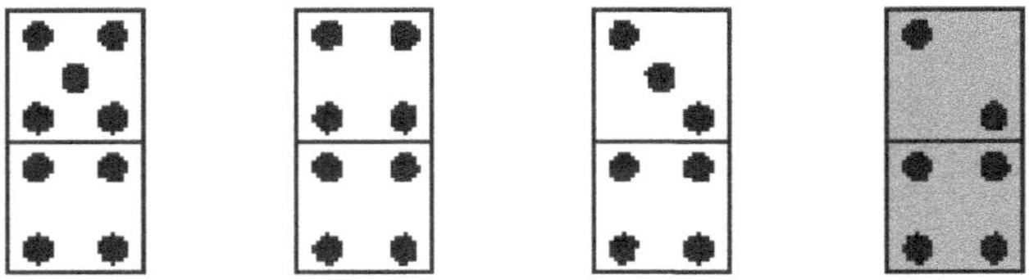

La case du haut baisse de 1, celle du bas est fixe.

16.

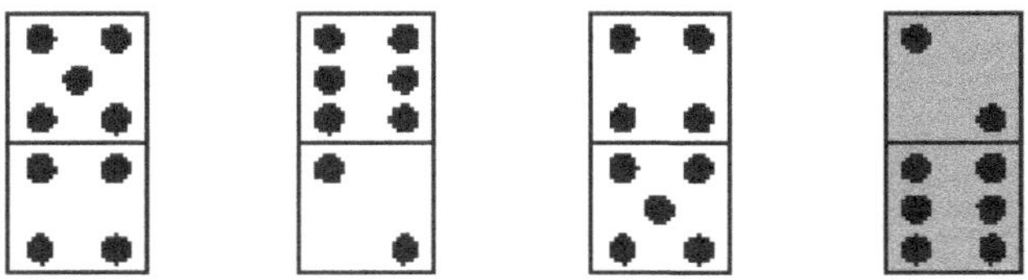

Les deux premiers dominos sont répétés mais selon une symétrie verticale.

17.

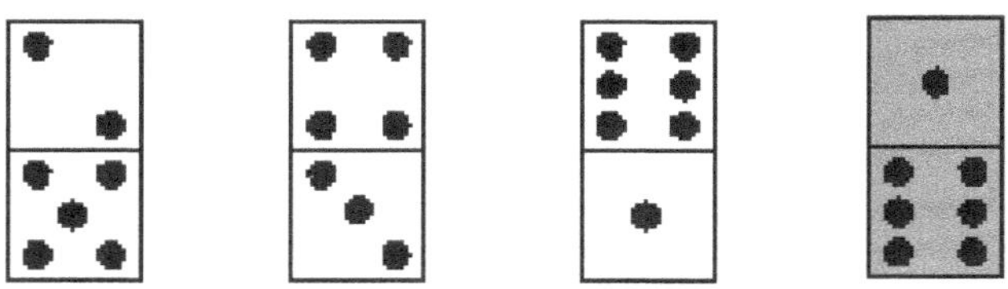

La ligne du haut augmente de 2 en 2, et celle du bas diminue de 2 en 2.
N'oubliez pas le zéro : après le six vient la case blanche, puis le un.

18.

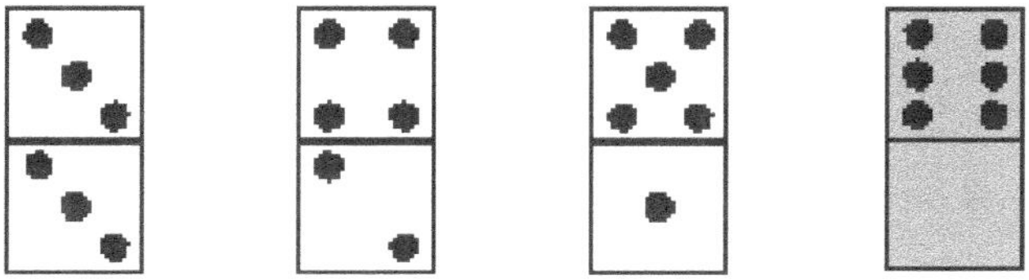

La somme de chaque domino est égale à 6.

19.

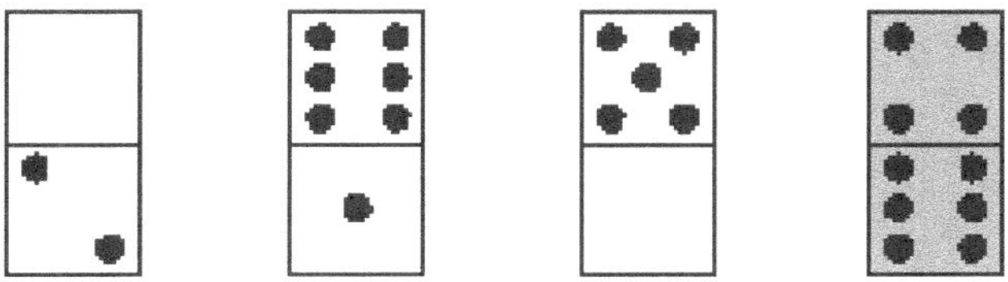

Chaque ligne décroit de 1 en 1.

20.

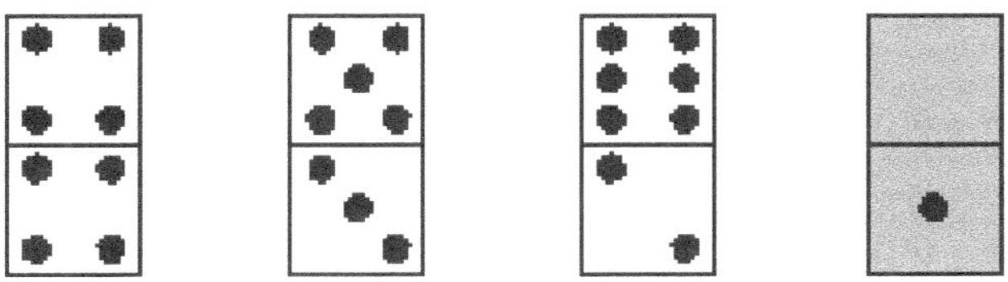

La ligne du haut augmente de 1, tandis que celle du bas diminue de 1.

21.

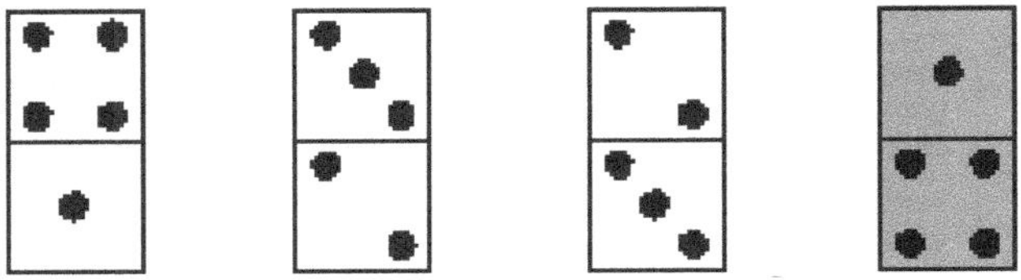

C'est la même suite sur la première et la seconde ligne mais dans des ordres inverses (décroissante en haut, croissante en bas).

22.

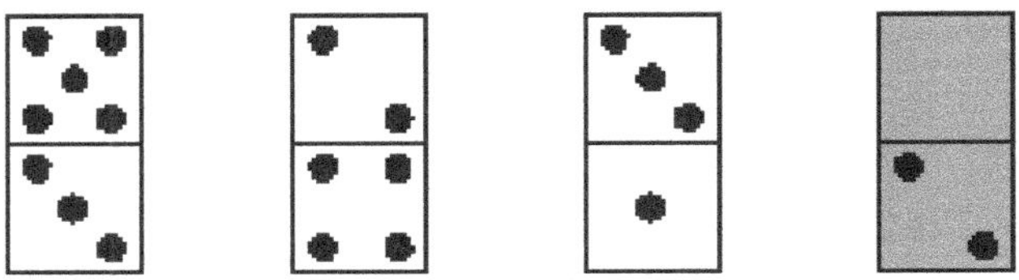

Les deux lignes diminuent de 1, mais en diagonale. Le 5 du haut passe au 4 du bas, puis au 3 du haut... Le 3 du bas passe au 2 du haut, puis au 1 du bas...

23.

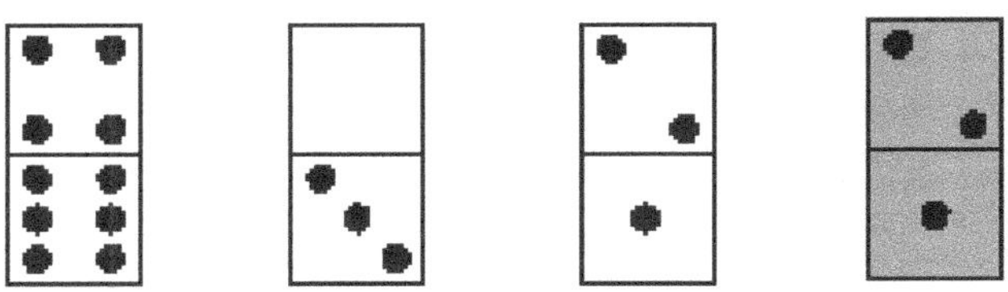

On diminue de 1 en diagonale en partant de la case haute du premier domino ; et on augmente de 1 en diagonale en partant de la case basse du premier domino. Du 4 du haut, on va sur le 3 du bas, puis le 2 du haut... Du 6 en bas, on va sur la case blanche en haut, puis le 1 en bas...

24.

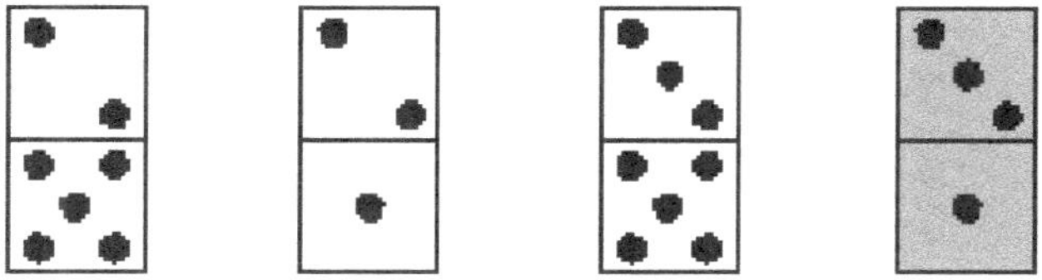

La ligne du haut augmente de 1 tous les deux dominos, celle du bas alterne les 5 et les 1.

25.

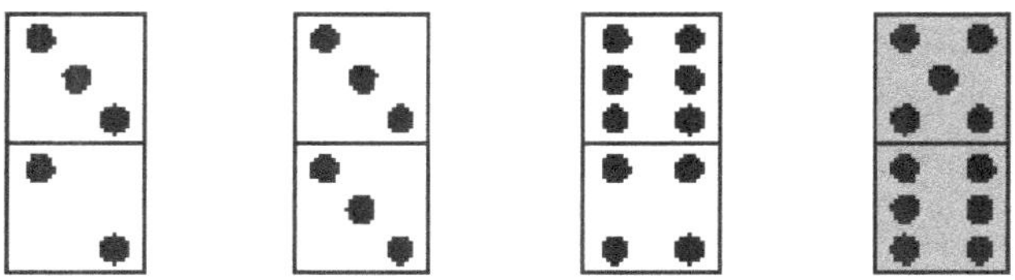

Les dominos fonctionnent par paire. La case du haut est répétée dans celle du bas du domino suivant ; la case du bas est augmentée de 1 dans celle du haut du domino suivant.

26.

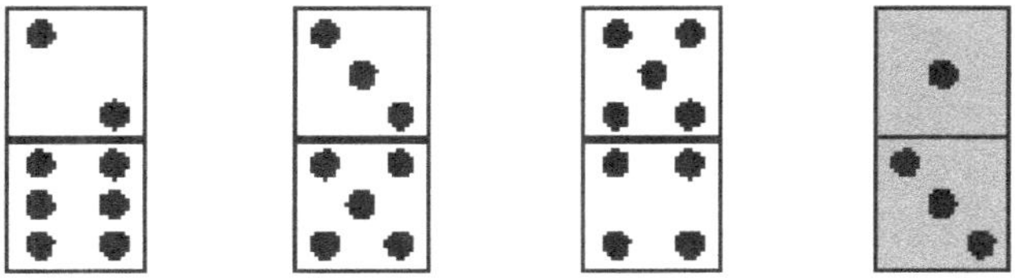

La première ligne augmente de 1, puis de 2, puis de 3... La seconde ligne diminue de 1.

27.

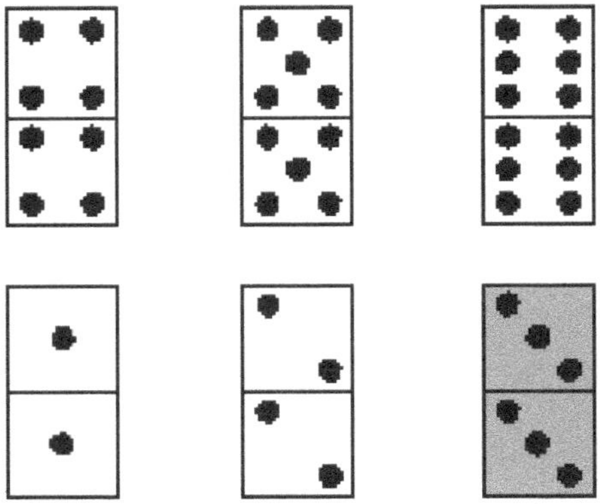

Les cases du haut et celles du bas sont identiques ; chaque ligne augmente de 1 en 1.

28.

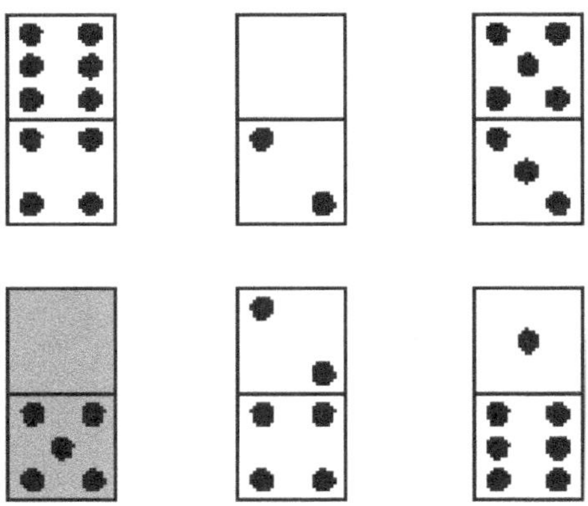

En partant de la case haute du premier domino de la première ligne, on descend de 2 de manière tournante. Du 6 en haut à gauche, on descend dans la case en dessous au 4, puis on passe au 2 dans la case adjacente, on remonte vers le zéro, on passe au 5 dans la case latérale, on descend dans le 3. Puis on passe à la ligne suivante : du 1 dans la dernière case en haut à droite, on descend au 6 dans la case en dessous...

29.

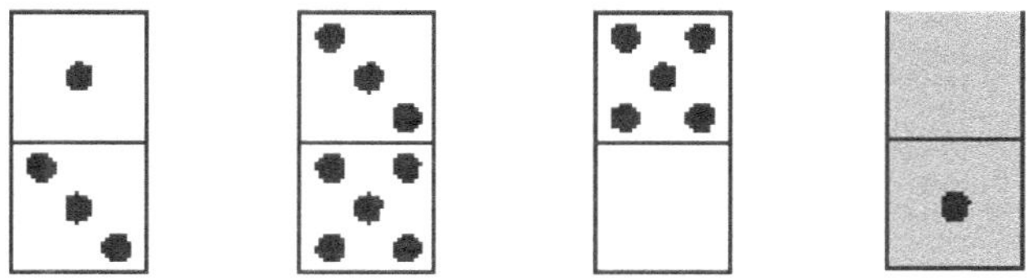

La case du bas est répétée dans la case du haut du domino suivant.

30.

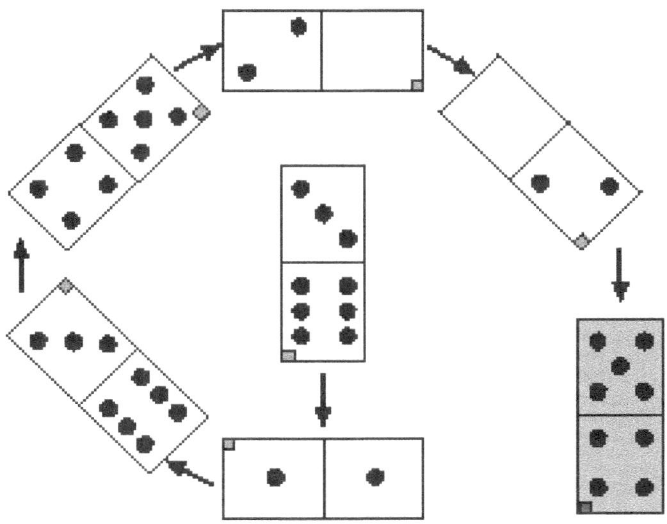

La rotation perturbe notre perception du haut et du bas. Pour faciliter cette différenciation, la case du haut est marquée d'un petit carré gris. La case du haut augmente de 2 points à chaque tour ; celle du bas baisse de 2.

PARTIE VI

CARTES À JOUER

1. Enoncés

1.

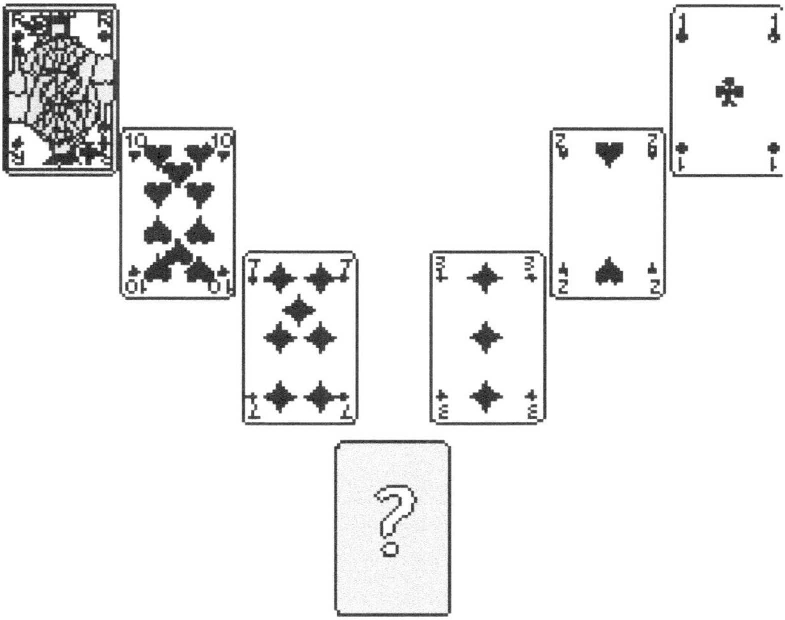

2.

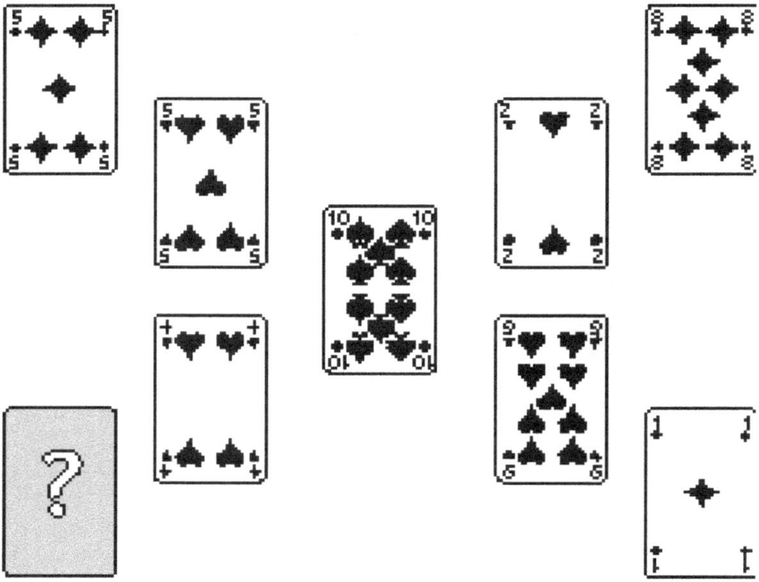

3.

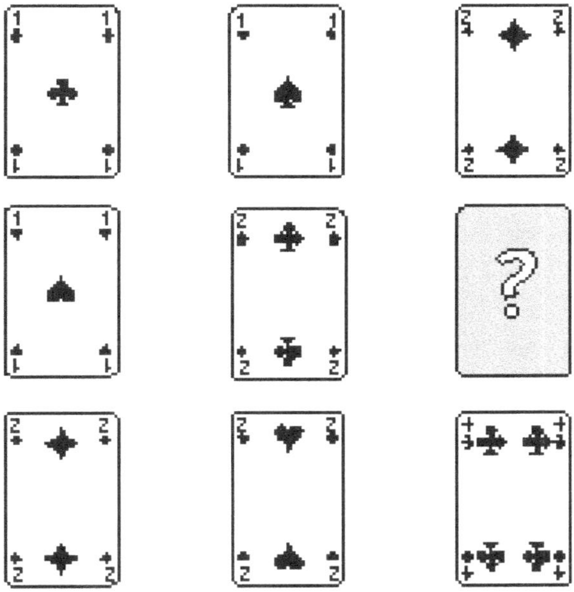

4.

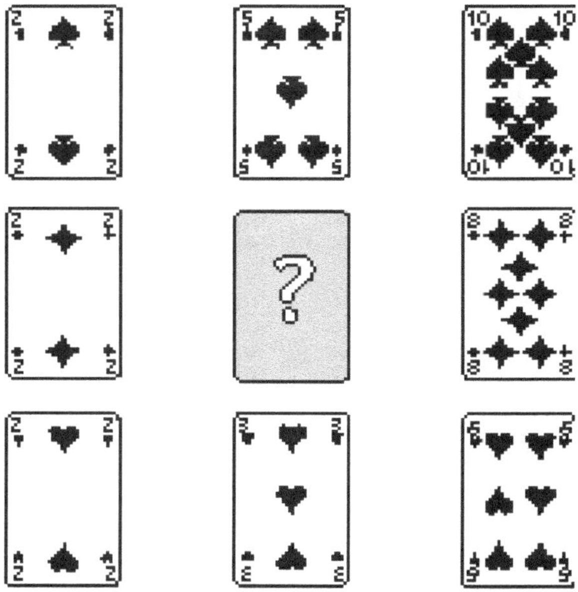

5.

6.

7.

8.

9.

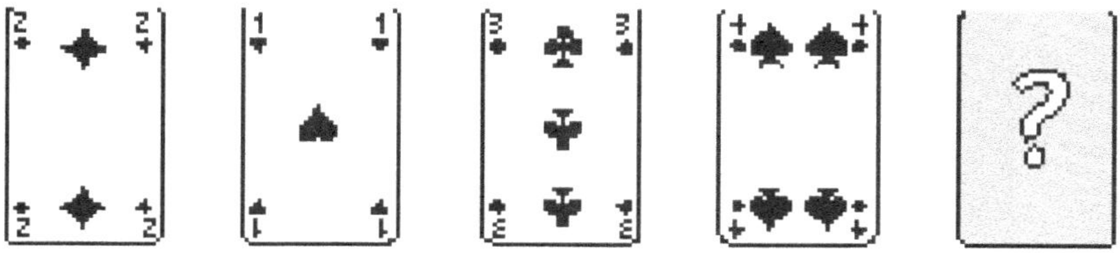

10.

11.

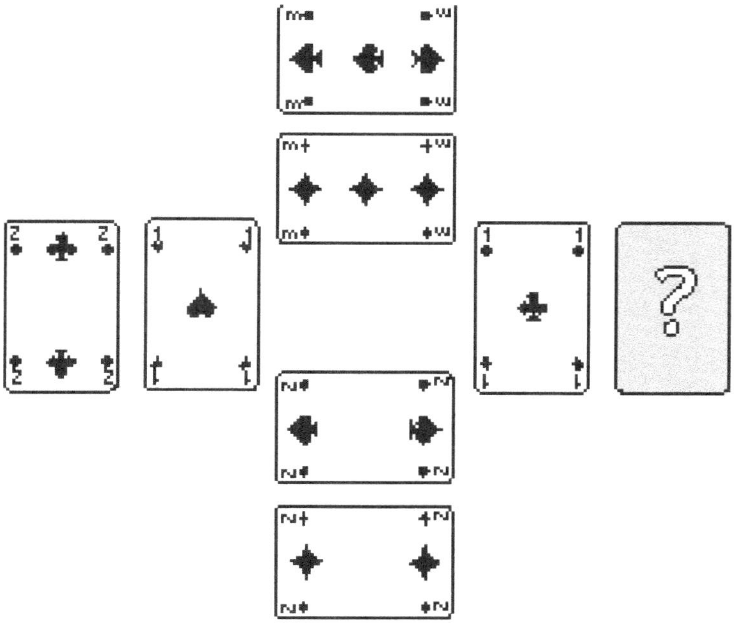

12.

13.

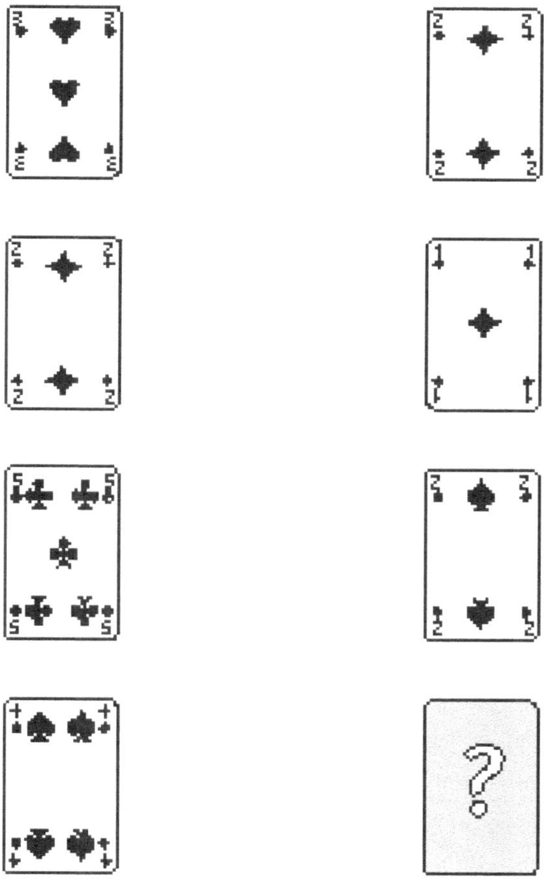

14.

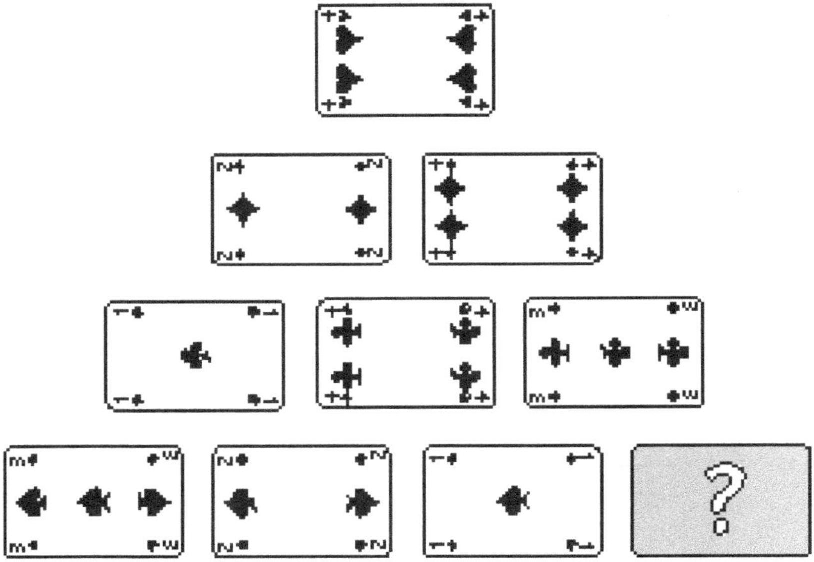

15.

16.

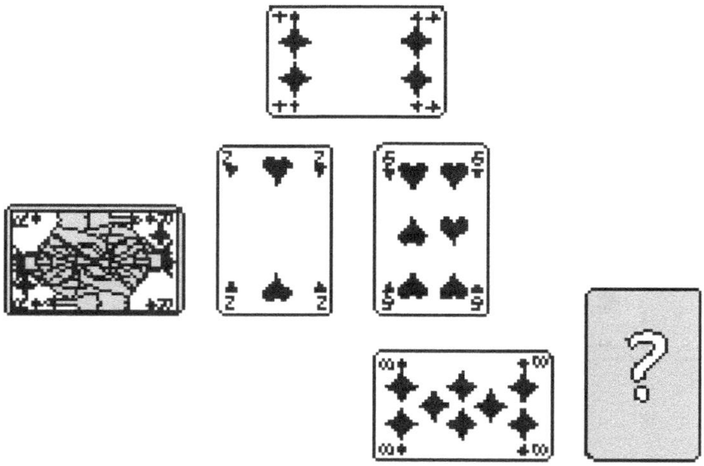

17.

18.

19.

20.

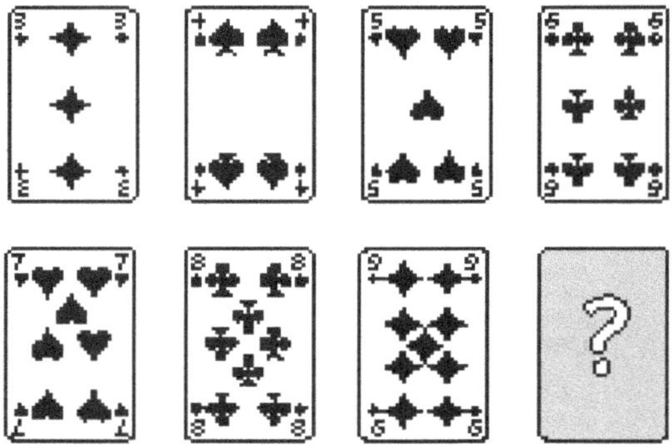

21.

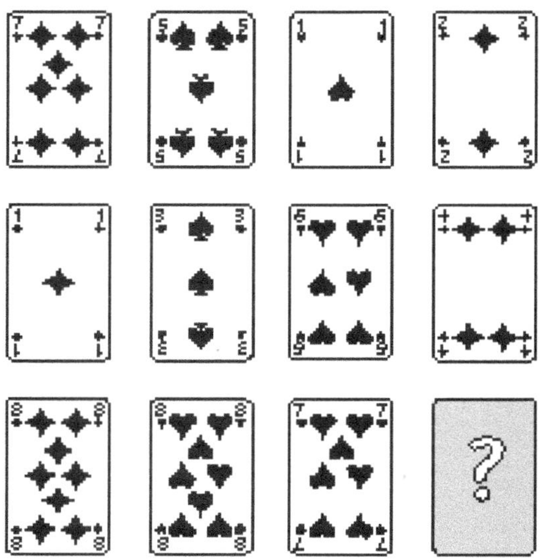

22.

23.

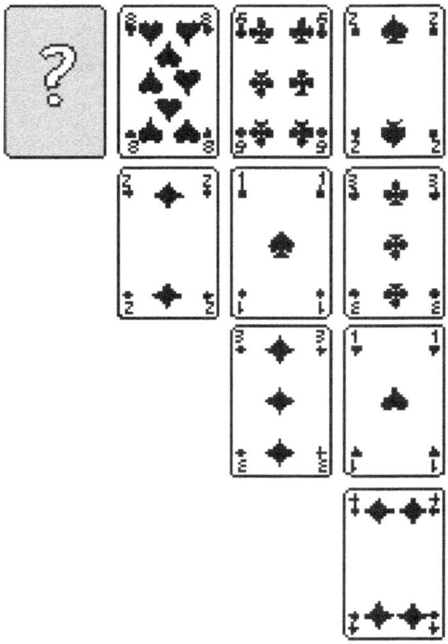

24.

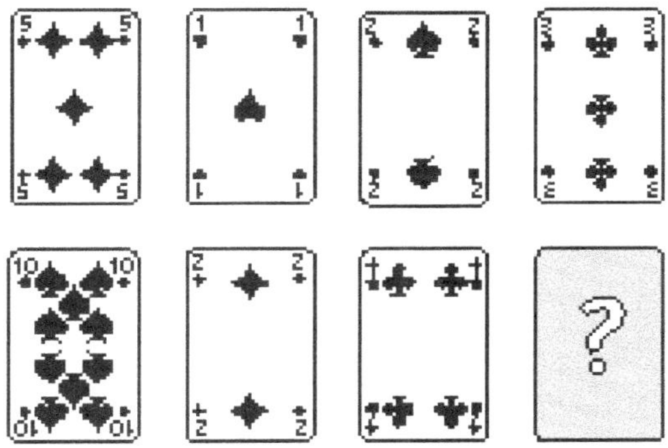

25.

26.

27.

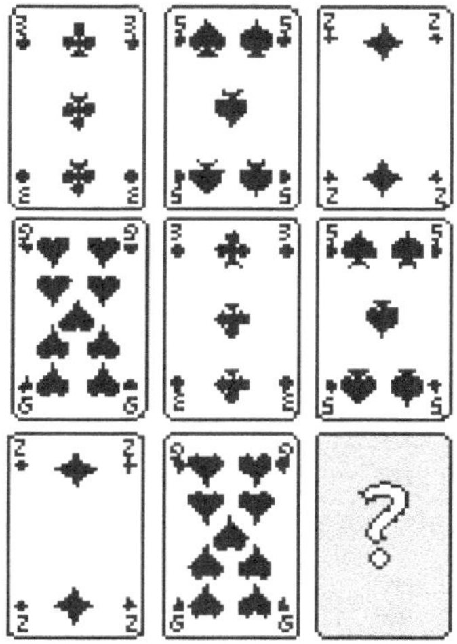

28.

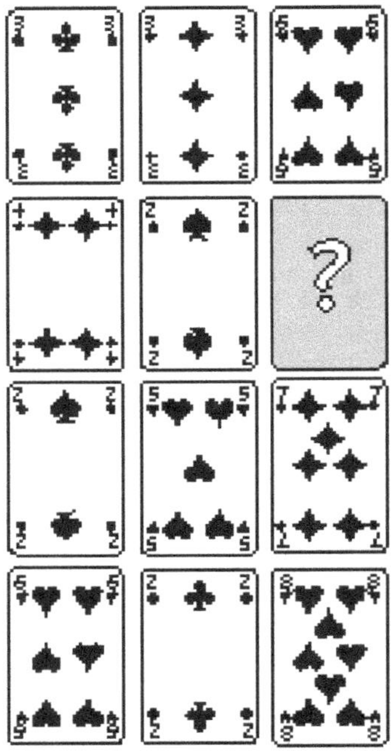

29.

30.

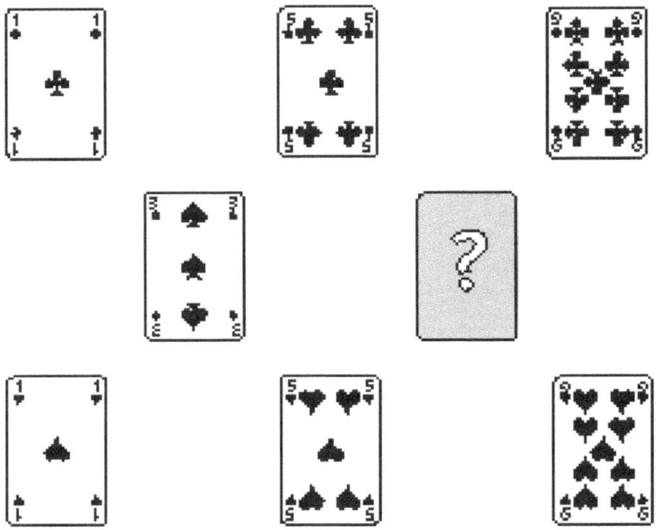

2. Corrigés

1. 4 de pique

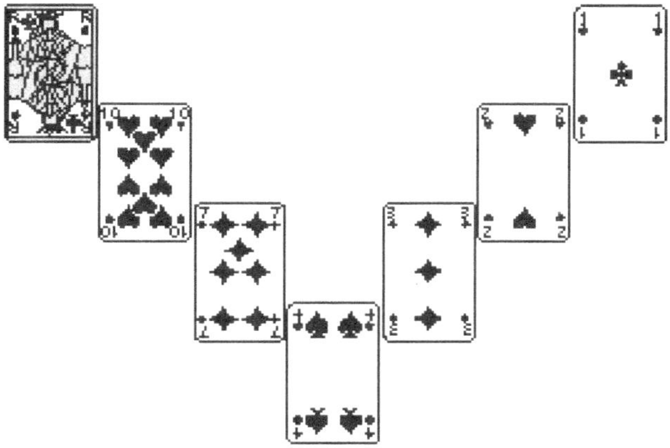

Le rang des cartes décroît de 3 en 3, en changeant de couleur, puis décroît de 1 en 1, en changeant toujours de couleur. La réponse est le 4 de pique.

2. 6 de carreau

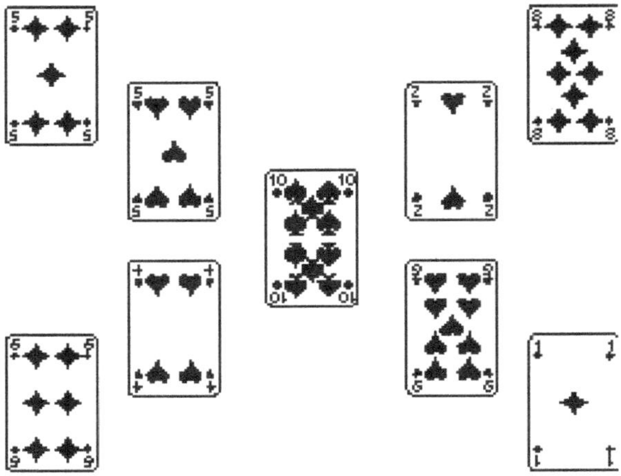

La somme des deux cartes voisines donne celle du centre : 10. Les cartes situées à l'extérieur sont des carreaux. La réponse est le 6 de carreau.

3. 3 de pique

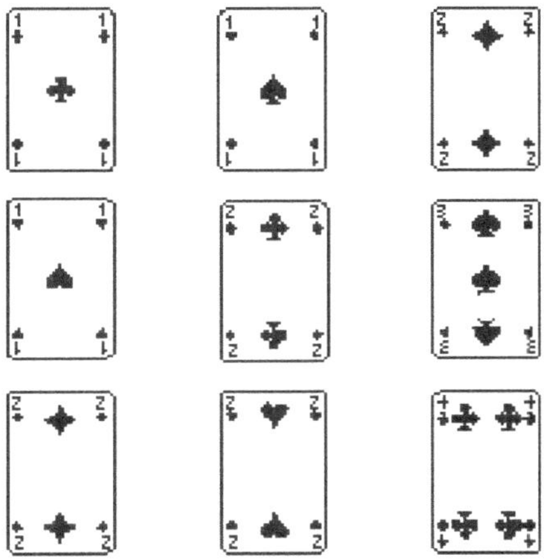

En ligne, la somme des deux premières cartes donne la troisième.
De plus, on a alternance des couleurs : trèfle, pique, carré puis cœur (en passant à la ligne inférieure), et on recommence.
La réponse est le 3 de pique.

4. 4 de carreau

En ligne, le produit des deux premières cartes donne la troisième.
De plus, il y a une couleur par ligne.
La réponse est le 4 de carreau.

5. 3 de pique

Deux suites de cartes sont ici entremêlées. En partant du roi et en tournant dans le sens des aiguilles d'une montre, on décroît d'une carte en sautant une carte à chaque fois. En partant de l'as et en tournant toujours dans le sens des aiguilles d'une montre, on croît d'une carte, en sautant une carte à chaque fois.
Pour déterminer la couleur, il suffit de suivre l'ordre de la série complète : cœur, trèfle, carré, pique, puis on recommence.
La réponse est le trois de pique.

6. 4 de pique

La différence des deux cartes de gauche donne celle de droite. On a des cœurs sur la première ligne, puis des piques (ligne 2), puis des carreaux (ligne 3). La réponse est le 4 de pique.

7. 5 de cœur

En colonne, les cartes sont de la même couleur et la somme des nombres qu'elles portent vaut 9. La réponse est le 5 de cœur.

8. 10 de pique

Sur la première ligne, on a les quatre rois. Sur la deuxième ligne, on a les quatre couleurs, en sens inverse ; les cartes diminuent d'un rang quand on se déplace vers la droite. La réponse est le 10 de pique.

9. 7 de carreau

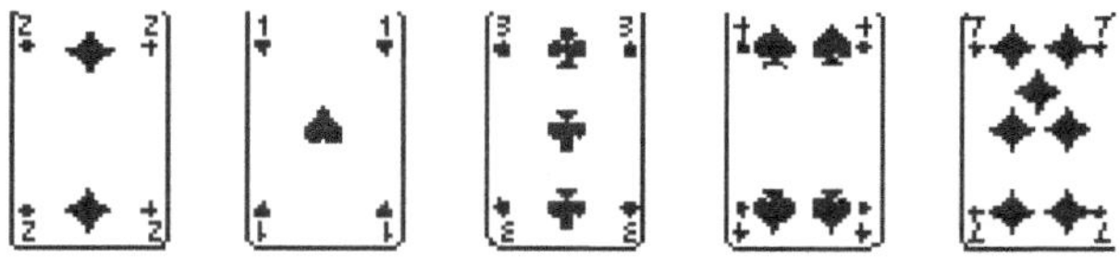

La valeur de chaque carte est égale à la somme des valeurs portées par les deux cartes qui la précèdent. De plus, on observe une alternance des couleurs. La réponse est le 7 de carreau.

10. 6 de cœur

En ligne, la somme des valeurs des cartes vaut toujours 9. Il y a une couleur par ligne. La réponse est le 6 de cœur.

11. 4 de cœur

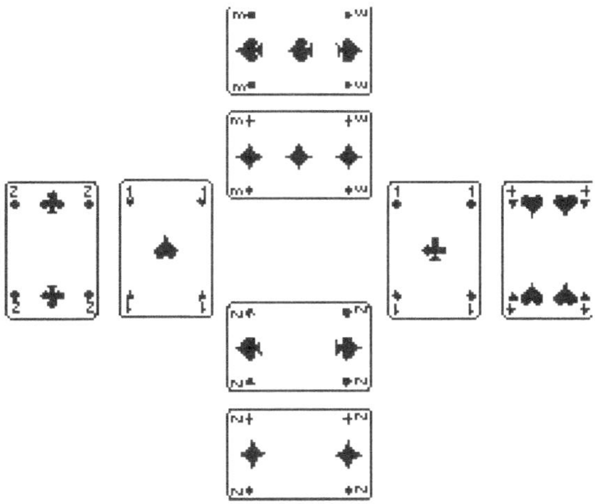

On part du couple « 2 de trèfle/as de cœur » et on tourne dans le sens inverse des aiguilles d'une montre : la somme des valeurs des deux cartes voisines augmente de 1.
Chaque couleur est représentée deux fois, sauf le cœur.
La réponse est le 4 de cœur.

12. 10 de cœur

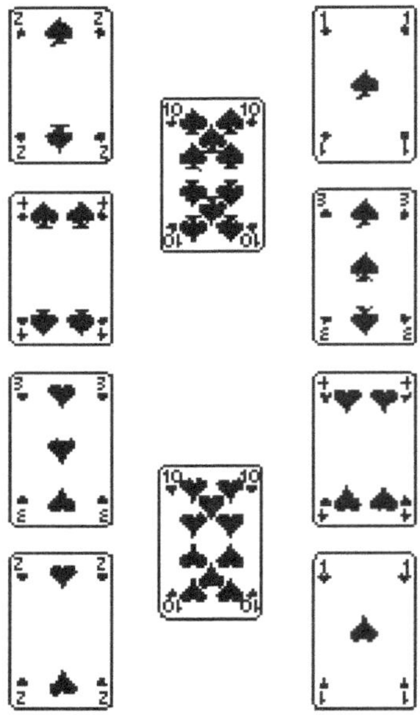

On divise la série en deux groupes de cartes de même couleur. La somme des valeurs des quatre cartes extérieures donne la valeur de la carte au centre. La réponse est le 10 de cœur.

13. As de pique

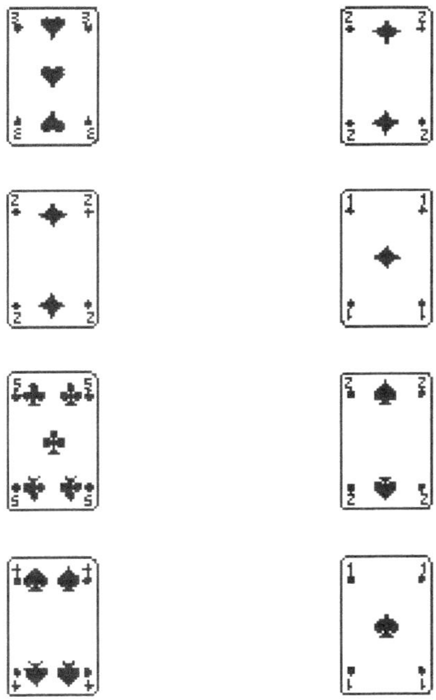

On divise la série des cartes en deux séries de 4 cartes : 3 de cœur, 2 de carreau, 2 de carreau et as de carreau d'une part ; 5 de trèfle, 2 de pique, 4 de pique et carte inconnue d'autre part.
Dans chaque groupe ainsi formé, la somme des deux diagonales est égale et trois des quatre cartes sont de la même couleur. La réponse est l'as de pique.

14. 4 de pique

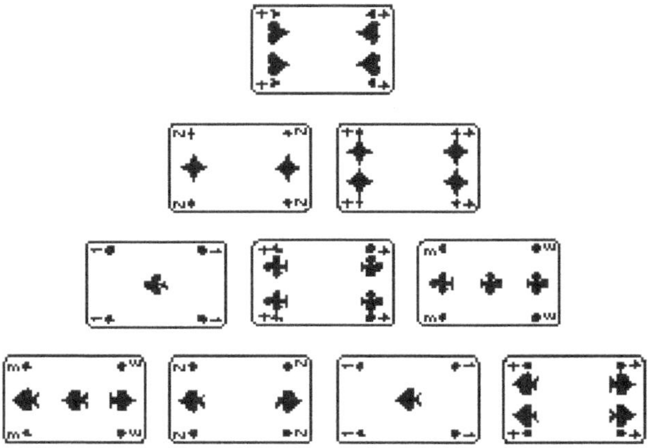

Il y a une couleur par ligne. De plus, la somme des valeurs des cartes d'une même ligne augmente de 2 quand on se déplace vers le bas. La réponse est le 4 de pique.

15. 3 de cœur

Toutes les cartes sont de la même couleur : cœur. En ligne, la carte de gauche a pour valeur la différence entre les valeurs des deux cartes centrales ; la carte de droite a pour valeur la somme des valeurs des deux cartes centrales. La réponse est le 3 de cœur.

16. 10 de cœur

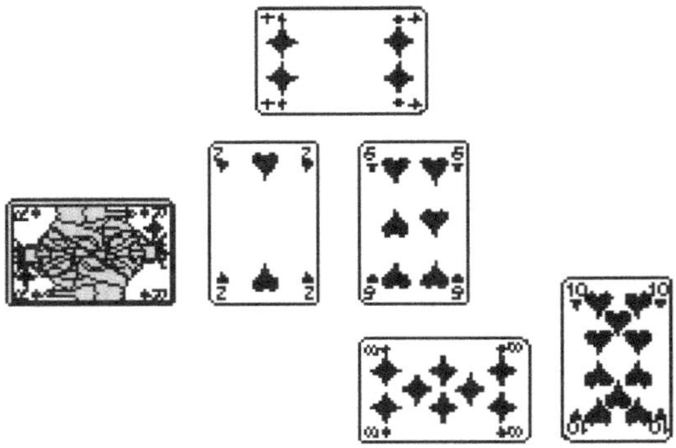

La série forme un « chemin ». On passe d'une carte à l'autre en ajoutant 2. Les cartes sont successivement de carreau et de cœur. La réponse est le 10 de cœur.

17. 6 de cœur

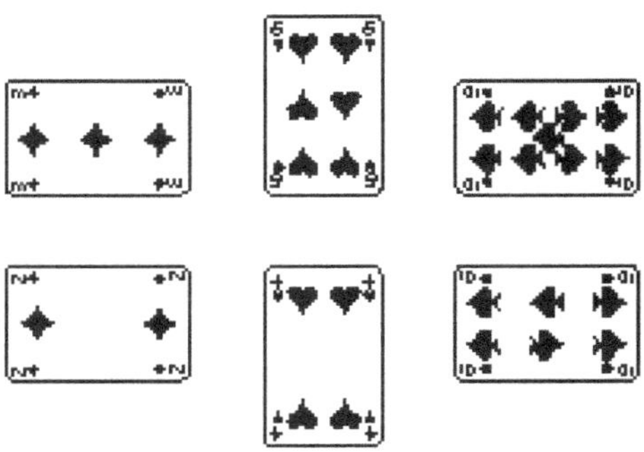

En ligne, la valeur de la carte centrale est égale à la somme des valeurs des cartes extérieures divisée par deux.
En colonne, les cartes sont de la même couleur.
La réponse est le 6 de cœur.

18. 8 de pique

On passe d'une carte à l'autre en diminuant d'un rang. On a une alternance des couleurs. La réponse est le 8 de pique.

19. Valet de carreau

On divise verticalement la série en deux groupes de quatre cartes. Dans chaque groupe, on retrouve en diagonale des cartes d'une même couleur, et les deux cartes de la même ligne ont la même valeur. La réponse est le valet de carreau.

20. 10 de pique

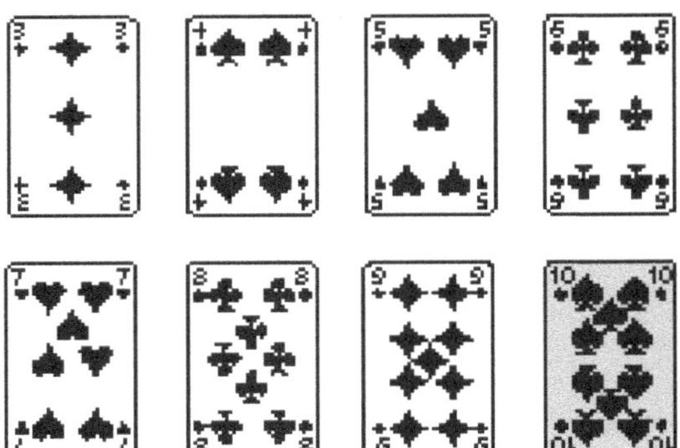

Les quatre couleurs sont utilisées sur chacune des lignes et la valeur des cartes progresse de un en un.

21. 6 de carreau

Sur chaque colonne, la dernière carte correspond à l'addition des points des deux cartes précédentes en conservant la même couleur.

22. 6 de carreau

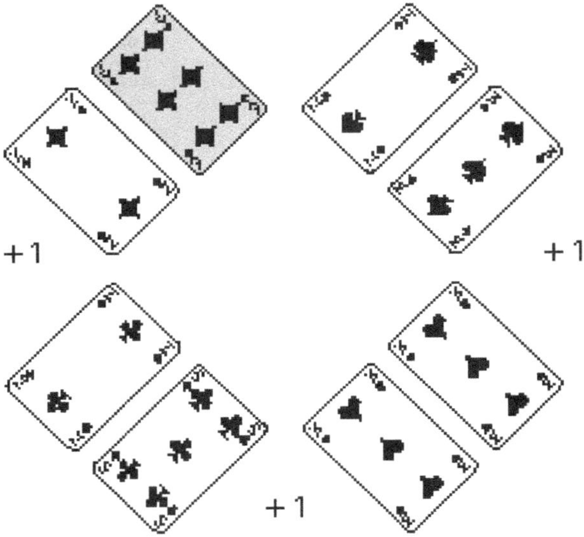

Chaque paire est constituée d'une seule couleur et le cumul de chaque paire est croissant (5 > 6 > 7 > 8).

23. 10 de carreau

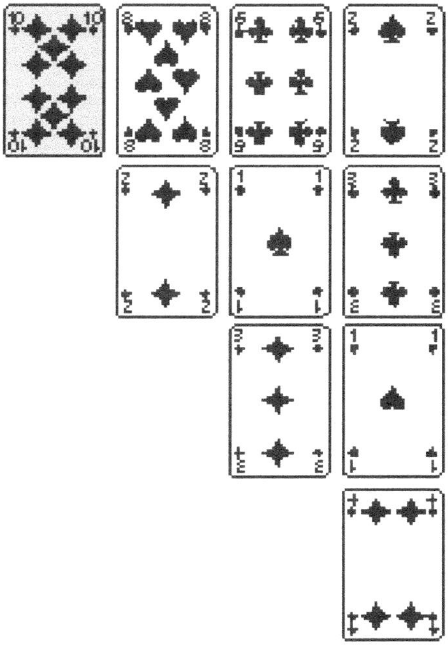

Chaque colonne et chaque ligne sont composées de couleurs différentes et toutes les colonnes font la même somme.

24. 6 de cœur

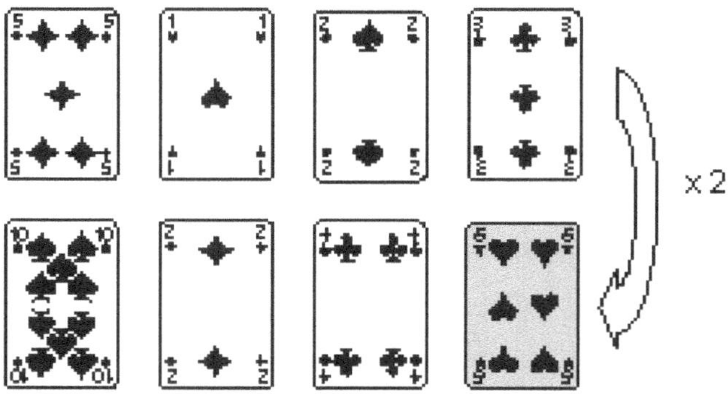

La carte du bas est égale à celle du haut multipliée par deux, et on retrouve toutes les couleurs sur chaque ligne.

25. 10 de trèfle

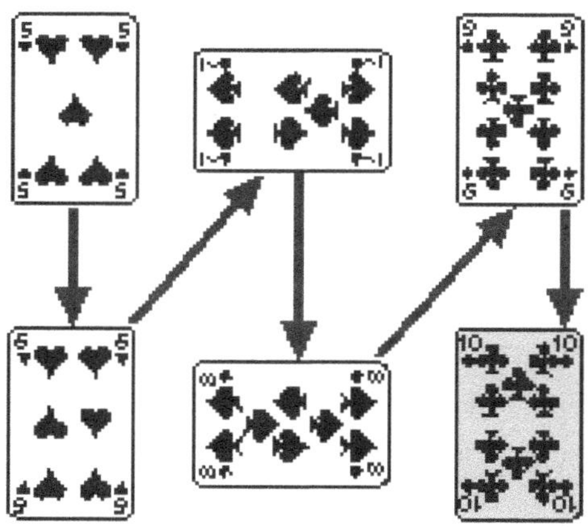

On a une suite croissante de 5 à 10, et dans chaque colonne, une seule couleur est représentée.

26. 5 de carreau

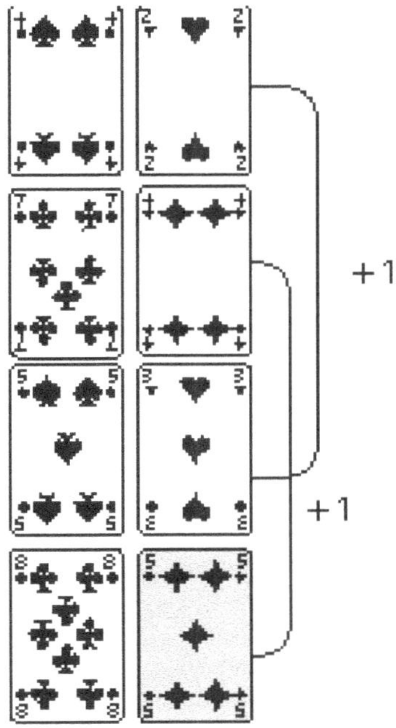

Dans chaque colonne, les cartes fonctionnent par paire de couleur, la valeur de la seconde carte augmentant de 1 par rapport à la précédente de la même couleur.

27. 3 de trèfle

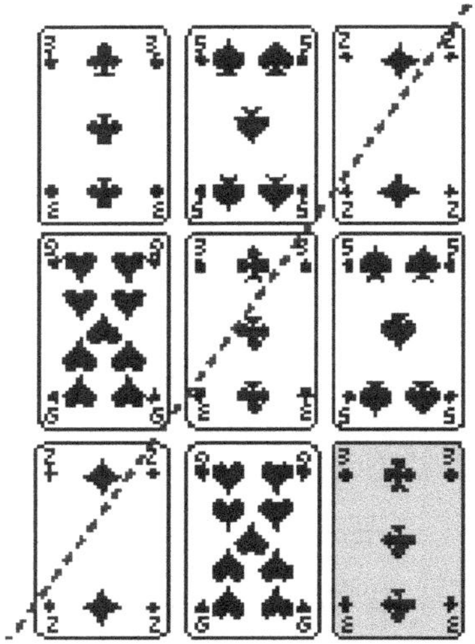

Les cartes sont régies par une symétrie axiale.

28. 6 de trèfle

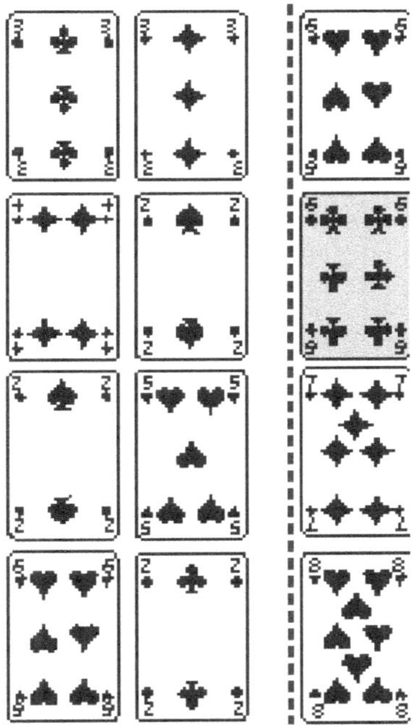

Les quatre couleurs sont représentées sur chaque colonne. La valeur de la dernière carte de chaque ligne s'obtient par l'addition des deux cartes précédentes.

29. As de trèfle

Sur chaque ligne, les cartes ont toujours la même valeur. La couleur des colonnes est déterminée par celle de la dernière carte de la colonne précédente.

30. 7 de pique

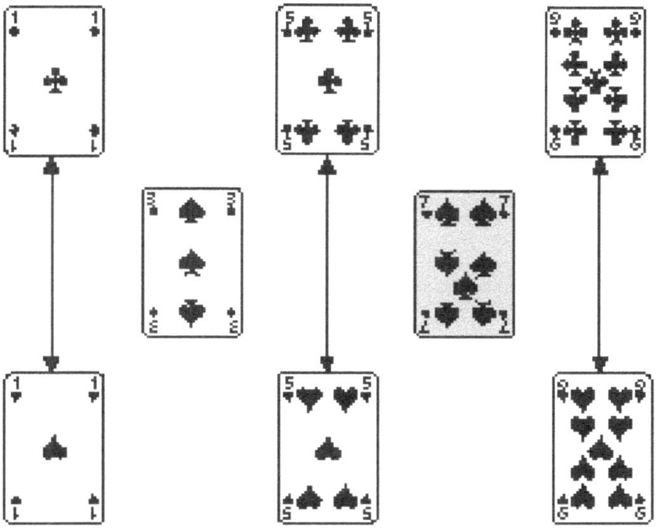

Les cartes sont disposées sur 3 lignes, avec une seule couleur par ligne, et sur 3 colonnes. La valeur des colonnes augmente de 2 en 2.

34/38, rue Camille-Pelletan - 92309 Levallois-Perret cedex Imprimerie Laballery – 58500 Clamecy
Imprimé en France - 3e trimestre 2024
N° d'impression : 409010
Service éditorial : Benjamin Dias Pereira, Deborah Lopez, Myriam Pasek
Conception graphique : Catherine Aubin

Dépôt légal à parution
ISBN 978-2-7590-5657-5